John Lennon

JOHN LENNON

约翰·列侬

在 他 生 命 中
In His Life

后浪出版

北京·广州·上海·西安

世界图书出版公司

北京·广州·上海·西安

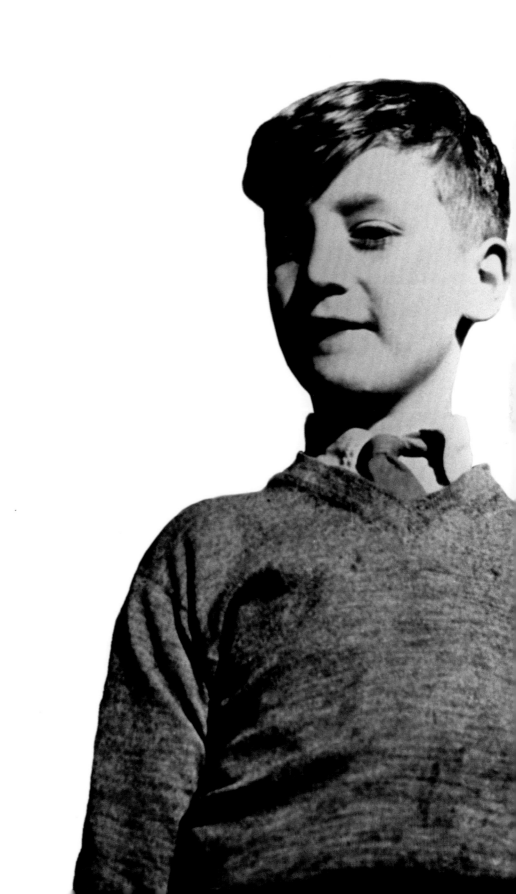

JOHN LENNON

在 他 生 命 中
In His Life

主 编

瓦勒丽亚·曼菲托·德·法比安尼斯（Valeria Manferto De Fabianis）

序 言

小野洋子·列侬（Yoko Ono Lennon）

撰 文

约翰·布莱尼（John Blaney）

英文版美术设计

帕翠利亚·巴罗科·罗威塞梯（Patrizia Balocco Lovisetti）

翻 译

何 筠

中文版美术设计

赵 岩

董 良

p3　"我是个讨人喜欢，彬彬有礼的乡下男孩。"

——约翰·列侬

p4　"我不想让人们从我这里拿走根本无法代表我的东西。他们让你成为他们想让你成为的那种人，而不是真正的你，我们根本不是什么披头士，我们只是我们自己。"

——约翰·列侬

p7　约翰·列侬为披头士在英国发行的第五张密纹唱片的封面以及他们的第二部剧情长片《救命！》拍摄照片。

p10—11　列侬对那些关于他的议论看得极其透彻。他的机智和幽默感使他总能将劣势化为优势。

p13　"如果有人认为对爱与和平的呼吁不过是些最终要和六十年代一起被埋葬的陈词滥调，那是他的问题。爱与和平是永恒的。"

——约翰·列侬

p14　当约翰和小野发行他们的首张专辑之时，保罗·麦卡特尼在唱片套上的说明可谓极富洞察力和预见性："当两个伟大的圣人相遇时，这就成了一段受辱的经历。他得用一场漫长的战争来证明自己确实是个圣人。"

p19　"我在社会中所扮演的角色，或者任何艺术家或诗人的角色，就是尝试将我们感受到的一切表达出来。不是去告诉人们如何感觉，不是作为一名传道士，不是作为一名领导者，而是作为对我们所有人的某种反映。"

——约翰·列侬

目 录

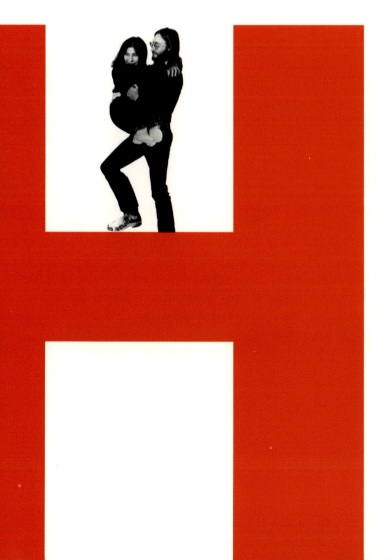

John Lennon™

序 言

往日情怀

当我将这本书一页页翻过，有两首歌在我的心中流淌，那是约翰的代表作《在我生命中》（In My Life），以及马文·哈姆利奇（Marvin Hamlisch）为电影《往日情怀》（The Way We Were，1973）创作的同名主题曲。《往日情怀》后来成为了专属于我们的歌——约翰和洋子的歌。

当我遇见约翰时，他就已经过着丰富的有如旋风般的生活了。他生活在一个梦里，那是许多人终其一生也无法实现的梦。他靠从事歌曲创作为生，这既是他最擅长的，又是他的至爱。但他一直以来都是一个既有着孩子般的好奇心，又极其睿智，同时终其一生都在寻找着更多生命之外的事物的人。

1966年，因迪卡画廊（Indica Gallery）举办我的画展，我们在那里相遇时，谁都没有预料到这次会面将会翻开约翰和洋子生命中的新篇章。这并非易事，我们两人是在对抗整个世界。然而我们拥有彼此，并拼尽全力紧拥在一起。

我们热爱生活并彼此相爱。约翰曾经很多次向我描述，憧憬着某一天能坐在康沃尔的摇椅上，翘首盼望我们的儿子——肖恩（Sean）给我们寄来明信片。这是他的梦想。而我也爱着约翰描述的梦想，因为这意味着，他一直期望我们能平静地渡过漫长的一生。可是，有一天，他的梦猝然而止。

这本精美的书展示了约翰·列侬不可思议的一生，比人们所虚构出来的更让人感到陌生，从许多方面来说富有魅力。

正如约翰所说的：生活就是在你忙于做计划时发生的不在你计划范围以内的事。

愿你有趟美妙的旅程——你翻开的每一页，都是在和约翰一起回顾他的生命岁月。你将会发现他的一生，其实就是刚刚那句话的注脚——当他正做着那个关于康沃尔的梦时，他的生活却遭遇了任何人都无法预想的改变。

当我在这些风格迥异的照片中看见他时，我的眼睛会自动地寻找他的视线。你看，有时候，当处境糟透了的时候，他却会一直保持振作。他的眼睛从未失去让他得以一路前行的光亮。享受你的旅程吧！

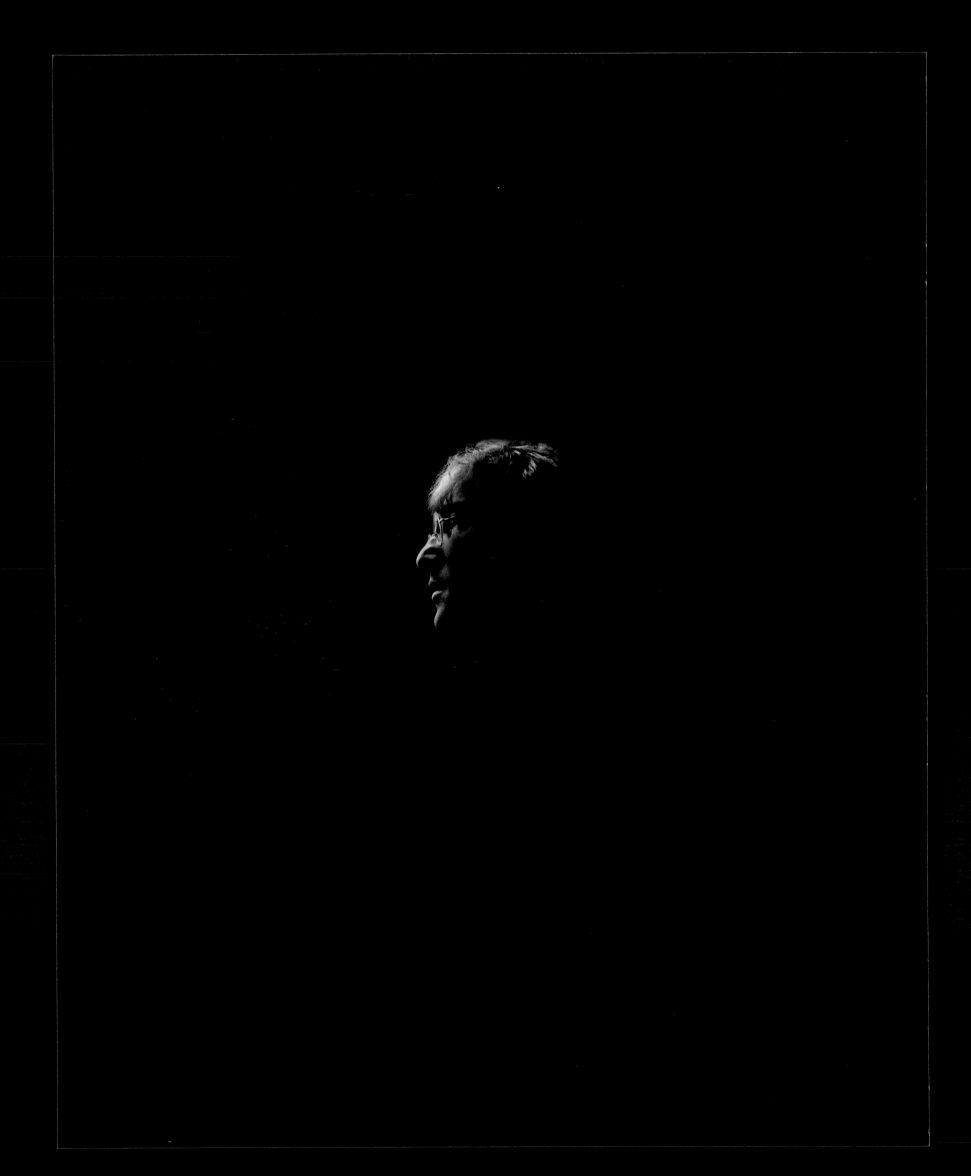

引 言

约翰·列侬：在他生命中

列侬童年的照片向我们展示了一个自信、幸福，看上去与常人无异的年轻男孩。无论是他在和一只小狗玩耍，还是在一辆新自行车前摆出姿势照相，或者在母亲身边欢笑，这些情景和任何家庭相册里的照片没什么不同。然而，列侬的确是个与众不同的孩子，他自己知道，他的咪咪姨妈，还有他的老师们也都知道这一点。但是当时还没有人能够想到有一天他会那样不同寻常。

就像保罗·麦卡特尼（Paul McCartney）后来写下的那样，出生在利物浦的人生来就肩负着某种使命。如果说还有谁身上肩负着这种使命，那个人就是列侬。在他成为这个城市的骄傲以前，利物浦就已在他身上留下了深刻而持久的印记。就像世界上的其他城市一样，利物浦被自卑感困扰着。长时间的南北分裂 [1]，使利物浦在和伦敦的竞争中居于劣势。尽管如此，利物浦仍然是一个充满活力的城市。作为一个港口城市，来自世界各地的人们在这里居住、融合。艰苦的工作和永无休止的争吵让他们建立起一种独特的幽默感，这种幽默感帮助他们从日常生活的残酷真相中解脱出来。（利物浦盛产伟大的喜剧演员，其数量之多堪称英国之冠）。当然，利物浦还有着丰富的音乐遗产，没有它们就不会有披头士乐队，后来所谓流行音乐的黄金时代也就不可能出现，更不用说 19世纪 60年代的摇摆（swinging）风格了。列侬从利物浦得到了丰富的馈赠，同时也给了利物浦丰富的回馈，让利物浦在宽容、智慧和创造性上声誉更隆。

列侬由姨父姨母抚养长大，孩童时期的列侬过着典型的中产阶级生活——这是他一直不断反抗的。列侬的父亲和祖父都是工人阶级，这是列侬从来未曾忘却并强烈认同的身份。尽管中产阶级的童年生活十分舒适，侬却始终站在被压迫者一边，无论他们在阶级、肤色和宗教信仰上有何不同。他用自己的方式诠释了自己作为一个毫无阶级观念的、真正的人民之子，一个天生的领袖和一个不屈不挠的斗争者的全部意义。

尽管他相当聪明，他在学校里的表现却并不出色。他发现上学实在无趣，于是开始不断挑战老师们的权威。他觉得自己比他们聪明得多，无法对那些愚蠢的行为欣然接受。列侬一直保留着某些特质，他对写作、音乐和艺术的热爱，远远大过对学业本身的关注，很难想象这种热爱是从英国战后的教

---

1 美国南北战争中，林肯宣布对南方实行封锁。南部同盟向英国外购军舰，利物浦等地的船厂为南方建造"民用船只" 290 多艘。内战结束后，美国崛起的势头已经无法阻挡，英国开始对美国实行和解与让步的政策。1870 年，英国重新制订了禁止为交战国造舰的法律，这使利物浦的经济受到很大影响。——译者注

育体系中萌生出来的。列侬常常在卧室里一连呆上好几个小时听收音机，让他的想象自由驰骋。他很喜欢收听 BBC 的广播节目，尤其是英国喜剧广播节目《傻瓜秀》（*The Goon Show*）和它所创造的超现实世界。他认为现实世界是荒唐的，这个节目足以为证，而现实世界本身的内在逻辑却绝对的合情合理。列侬独特的世界观和这个节目的主要编剧斯派克·米利根（Spike Milligan）非常契合，而且列侬写的歌、画的画就是他受到这个节目影响的明证。他一针见血的幽默感还有极富洞察力的智慧使他和披头士们拥有他人永远无法企及的优势。

列侬经历过许多矛盾：生母与养母；贫穷和富有；顺从和叛逆；艰难与成功。正是这一切造就了他，让他得以成为一名艺术家。列侬是用和他人不同的方式去观察世界的——通常来说，这算不上什么优点。他那些特异的知识除了总在学校里给他带来麻烦以外，还给他带来了极大的不自信。他的父母几乎从他出生起就抛弃了他，深爱他的姨妈又明确希望他做个顺从的孩子，这些事实也在某种程度上加深了这种不自信。可是，虽然有着种种的自我怀疑，列侬却是从很小的时候起就深信自己命定会成为一个伟大的人。这在当时不过是个白日梦，或列侬在人生规划上所持信念的早期表现，但列侬的确经常希望能在杂志上看到自己的名字，尽管那时他还没有写出过一首歌一本书。当列侬还是个孩子的时候，几乎没有什么玩具。但他的姨母和姨父培养了他对书的热爱。他的姨父教他读报纸，这个习惯被他保留了一生。他在没有阅读的时候，就创作自己的漫画《怒吼日报》（*daily howl*）——这是为了给朋友们消遣。但他的兴趣并不持久，尽管他后来出版了两本书，也不过是在自己瞬息多变的心灵转向新的事物以前，用它们将自己的灵感草草记下而已。纵观他的一生，他总是喜欢快节奏的工作，当他遇到技术上的问题或者其他干扰因素时，他很容易就会感到灰心丧气。

尽管列侬没有和母亲生活在一起，他却是在一个充满爱的家庭氛围中被抚养长大的。他的姨妈在他的生命中留下了不可磨灭的印记，就像他生命中其他的女性一样。他的暑假是和咪咪姨妈一起在苏格兰的德内斯度过的——列侬一直保留着对这个地区的美好回忆。他的妈妈朱莉亚 (Julia) 几乎每天都要来拜访姐姐，当列侬年岁渐长，他们之间的关系也愈加亲密。他们在音乐和服饰上有着相似的爱好，外表看起来都有些离经叛道。朱莉亚在列侬对音乐的喜爱上给予支持——在这一点上，咪咪姨妈的态度正与她相反。朱莉亚还赋予列侬用不同于他人的方式表达自我的勇气。在她的慈爱与包容下，列侬开始用当时最流行的"泰迪男孩"风格打扮自己——"泰迪男孩"是英国出现最早的纯粹以追求个人风格和个人表达为目的，对自身进行装扮的亚文化。列侬开始在众人当中脱颖而出，而不是像咪咪姨妈希望的那样，走上一条中庸之路。

朱莉亚是列侬整个世界的中心。对他而言，她不仅是母亲，还是朋友。保罗·麦卡特尼曾经和列侬以及朱莉亚一起度过很多时光，他还记得当列侬不得不离开朱莉亚回姨妈家时的反应，"我们从那儿离开的一刻通常总会将列侬推向悲伤的边缘。回去的一路上，我总能感觉到他有多么珍视这次会面，

而他不能和她生活在一起，这又让他多么悲伤。他也爱他的咪咪姨妈，我知道他的确是爱她的，但她始终只是母亲的替代品。"朱莉亚在一场交通意外中猝然离世，这对列侬来说是一个巨大的悲剧，他终生都未能从这一打击中恢复。在他妈妈死后，他就再也不是以前的他了。就好像有什么人从他身下把那床毯子突然抽走了。1980年，他说："我失去过她两次，一次是在我五岁那年，我搬去和我姨妈住。还有就是在我17岁那年，她的肉体死亡的时候……对我来说，那真是个非常难熬的时刻，让我痛苦万分。我感到还是青年的我肩负的愤怒被突然放大了。"

列侬将他的痛苦深深地埋藏在内心，他开始把自己打造成一个冷酷而坚强的人，以掩饰自己的愤怒和自卑。偶尔，这些情绪会突然以暴力的形式爆发出来。但很多时候，列侬会用酒精和毒品将它们隐藏起来。当他成为一名音乐创作人时，他会将自己心里的恶魔用最直接的方式驱赶出去。与他的创作拍档保罗·麦卡特尼不同，列侬会将自己心底最深层的感情用一种非常甜美的方式揭示出来，而麦卡特尼则会在创作中掩饰他总在写他自己的这个事实。列侬诚实坦率，痛苦地敞露内心。正是通过他创作的歌，列侬向人们展示他的真面目。他的第一任妻子辛西娅（Cynthia）回忆道："约翰把自己想象成学校里那个最坚强的男生，但他的音乐却显示出他真正的情感和性格。他需要把他内心的温柔释放出来，于是它们出现在了他的歌里。"在他妈妈去世11年后，他为她写下了那首最美丽的安魂曲《朱莉亚》（Julia），人们从中可以看到，他是一个多么温柔而脆弱的人。

音乐在他生命中的地位与日俱增，罗尼·多内甘 (Lonnie Donegan)和猫王 (Elvis Presley)成了他的生命之源。披头士在汉堡结识的朋友阿斯特丽德·科尔什赫 (Astrid Kirchherr)回忆道："他痴迷摇滚乐，经常一遍又一遍地听杰瑞·李·刘易斯（Jerry Lee Lewis），查克·贝里（Chuck Berry）还有小理查德（Littie Richard）的歌。"当他成为一名职业音乐人后，当他受到其他音乐人的干扰时，他就会回头寻求他青年时代的那些歌曲。这部分是因为他从来就不是一个自信的吉他手，而他青年时代的那些摇滚歌曲已经在他记忆里留下了深深的烙印，同样也因为它们对他而言意味着很多东西。摇滚意味着有趣，他在"失去的周末"（lost weekend）时期特意录制了一张老歌专辑，仅仅只因为那些老歌给予他的欢乐。他对别的类型的音乐也培养了广泛的兴趣，可是却总是回归到摇滚乐上。

列侬顺理成章地组建了自己的乐队并成为了乐队的领导者。采石者（The Quarrymen）噪音爵士乐队的班底来自于他在学校里的朋友圈。他对乐队的要求十分严格，并不断地四处谋求能提升乐队品质的新力量，没有什么能够阻挡他的音乐和乐队未来的成功。当他在圣彼得教堂宴会上遇见保罗·麦卡特尼时，他知道麦卡特尼一定能让乐队变得更好，因此麦卡特尼加入了乐队。乔治·哈里森（George Harrison）的加入同样也给乐队带来了提升。列侬做出的唯一的妥协是让他最好的朋友斯图尔特·萨克利夫（Stuart Sutcliffe）也加入了乐队，这是少有的一次列侬让情感战胜了理性的时刻。萨克利夫并不是一位有天赋的音乐家，他赚到了足够多买贝司的钱这一事实对列侬做出这个决定产生了某种程度的影响，但起决定性作用的还是他们之间的友谊。

列侬是在利物浦艺术学院遇见萨克利夫的，萨克利夫安静而聪慧，总是寸步不离列侬左右。列侬的首任妻子辛西娅这样概括他们之间的友谊："约翰和斯图尔特之间是一种十分美妙的关系。就好像约翰是阴而斯图是阳。约翰是个离经叛道的音乐家，这让斯图尔特很着迷，而斯图尔特也教给约翰很多东西。他们完全理解对方，总是和对方分享自己所知的和所能给予对方的一切，约翰帮斯图尔特坚定自我，斯图尔特则让约翰不那么锋芒毕露，不那么与外界格格不入，还有不那么冷酷。"这正是一种列侬在他一生中不断建立的关系。列侬的密友、经纪人、妻子还有情人都衷心感谢斯图尔特带给他的影响，但是，更多的时候，他们在智力、天赋和性格上都完全相反。

无论他外在表现如何，都不一定是他的本质。他的暴力倾向隐藏得很深，根植在他不稳定的情绪之中；他是个冷酷的人，会接受别人的打击，然后再加倍回敬。保罗·麦卡特尼分享了列侬的爱好，他也承认列侬的弱点："约翰要比我们更内向，为了保护自己不受伤害，他宁可先去攻击别人……约翰有太多东西要捍卫，这构成了他的个性；他是个非常谨慎的人。我想这正好使我们之间的关系得以平衡，约翰的尖刻和机智不过是虚张声势，当你真正了解他的时候，会发现，在这种表象之下，他其实是个非常温暖的人。

列侬很快就在学校里建立起了自己的威望，他当时的同学们更多记住的是他的行为举止而不是他的聪明才智。由于失去了母亲，他变得很冷酷，时常好斗——既表现在口头上，也表现在行为上。有好些同学觉得他很可怕，和他在一起时会很谨慎。因为他老搞破坏，以及他因为母亲的死而经历的情感伤痛让他在老师当中也很有名气，尽管他既是艺术家又是音乐家，他还是经常通过攻击他在别人身上发现的弱点作为对自己的表达。

然而，他确实聪明、幽默，充满魅力。尽管举止粗暴，他还是很受女孩子欢迎，在他遇到自己未来的妻子辛西娅·鲍威尔以前，他和当时的同学塞尔玛·皮克尔斯（Thelma Pickles）交往过一段时间。辛西娅和列侬正好是两个极端。她十分腼腆，很懂礼貌，谈吐也很文雅。最开始时，列侬总爱攻击她的中产阶级背景，以此掩饰自己对她的迷恋。这也是他知道的唯一可以对付自己缺陷的方法。咪咪姨妈认为列侬害怕辛西娅就像辛西娅害怕他一样。可是，虽然辛西娅很怕列侬的暴脾气，他在情感上却是个胆小鬼。列侬在表达情感上的无能可能是他所受的教育造成的。尽管他的咪咪姨妈十分爱他，可她总是表现得既冷酷又疏远。对她而言，要将自己的情感表达出来实属难事。

列侬继续将他所有的精力都放在乐队而不是他的艺术上。1960年，乐队终于在德国汉堡拿到了第一份唱片合约。约翰至此将乐队更名为披头士（The Beatles）。正是在汉堡，他们开启了披头士的时代。从家乡的种种限制和责任中解放出来的列侬终于可以纵情享乐了。他开始酗酒，服用大剂量的苯甲吗啉——一种主要成分为安非他命的强效减肥药，整夜玩摇滚并以此挣钱。在这里他可以由着性子胡作

非为，还可以拿德国观众嘲笑取乐。长时间的舞台表演将披头士从一支技术粗糙的半专业乐队磨炼成为了一支配合默契的摇滚乐队。"我们成长了很多，变得更有信心"，列侬回忆道，"我们通宵达旦的演出，有那么多表演经验，我们在不知不觉中成长。"一条光明大道开始在列侬和披头士眼前展开。1961年6月披头士们回到汉堡，他们这次回来是为了录制一张唱片。更确切地说，他们是回来为托尼·谢里丹（Tony Sheridan）给贝尔特·肯普菲尔特（Bert Kaempfert）制作的唱片伴奏的。他们还录了两首歌——直到他们成名才正式发行。顺理成章地，列侬为一首他心爱的老歌《她可真是个甜姐儿》（Ain't She Sweet）担当了主唱，乐队为由列侬和哈里森作曲的《为了一个幽灵哭泣》（Cry For A Shadow）录制了伴奏。由披头士伴奏的谢里丹的传统歌曲唱片《我的邦妮》（*My Bonnie*）本来只在德国发行，当披头士在利物浦当地的俱乐部里演唱了这张唱片中的曲目后，它的拷贝立刻销量大增。这时候披头士已经是默西塞德郡的头条新闻了，不过还得感谢一位前去唱片店询问这张德国录制的唱片的年轻人，正是他的这一举动引起了布莱恩·爱泼斯坦（Brian Epstein）对乐队的关注。

布莱恩·爱泼斯坦——这位披头士未来的经纪人第一次见到披头士是在卡文俱乐部（Carvern Club）。那时他们还是一支技术粗糙的半专业乐队，但他已经发现了他们的与众不同之处。几周之内，他成了他们的经纪人。爱泼斯坦打算把他们打造成巨星。这计划说来简单：把他们收拾干净，让他们穿上西装，不许他们在舞台上嗑药。尽管这和列侬一贯的风格相违背，但他还是欣然接受了这一计划。"爱泼斯坦说，'瞧，如果你穿上西装的话……你就能挣到这么多钱'……那就穿西装好了。我会穿上西装的。只要有人付钱，让我穿个红气球也行。"爱泼斯坦的第二步计划是用一张唱片合同将他们保护起来。等实施起来他才发现，这比他预想的要困难很多。只有 Decca唱片公司表示出了一点兴趣，这还是因为爱泼斯坦的唱片店是东北地区最大的唱片零售店，唱片公司可不想因此而得罪他。1962 年 1月，Decca给了乐队一次在他们的伦敦录音室试音的机会——不过被他们给弄砸了。爱泼斯坦设法给他们弄到了一些上 BBC广播节目的机会，可是，一份来自国内四大唱片公司的合约看上去还是遥遥无期。

1962年4月，爱泼斯坦终于说服了乔治·马丁（George Martin）——百代唱片（EMI）旗下子公司帕洛风（Parlophone）的经理签下披头士。最终打动他的，除了披头士本身的超强魅力以外，还有那首由列侬和麦卡特尼共同创作的《爱我吧》（Love Me Do）。不过，马丁不太喜欢披头士的鼓手皮特·贝斯特（Pete Best），他被解雇了。乐队当时已经盯上了利物浦罗里风暴乐队（Rory Storm and The

p22 列侬在披头士的首部剧情长片《一夜狂欢》中的布景前。

23

Hurricanes）的鼓手林戈·斯塔尔（Ringo Starr），就像之前的哈里森和麦卡特尼一样，斯塔尔是因为能让他们的音乐增色而被选中的。乐队在百代公司艾比路（Abbey Road）录音室录制第一张正式专辑时，斯塔尔本应该加入乐队，但由于那之前马丁对斯塔尔还没有留下深刻印象，预雇了一名录音乐师，斯塔尔只好被派去负责摇铃鼓。

大约在披头士与百代签约的同时，辛西娅怀孕了。列侬体面地处理了这桩意外——他们在8月 23号结婚了。"我说，是的，我们只能结婚了。我丝毫没有反抗。"他回忆道，"当我把这个决定告诉咪咪姨妈时，她什么也没说，只是叹了口气。"列侬成名在即，他的婚姻，还有辛西娅怀孕的消息都必须对歌迷们保密。1963年4月，在披头士凭借他们的首支单曲《请取悦我》（Please Please Me）大获成功后不久，辛西娅生下了她和列侬的儿子朱利安（Julian）。当年年底，披头士红透了英国。《她爱你》（She Loves You）成为了1962年英国单曲销量冠军。10月份，乐队在伦敦帕拉迪昂（Palladium）剧院表演时，由于剧院周围的街道被数百名尖叫的歌迷堵住而引发了轰动。次日报纸上连篇累牍都是关于此事的报道，披头士时代开始了。

尽管披头士早就登上了本土的头条新闻，其他地方的成功还是到得稍晚了些。1964年 1月，他们在巴黎的奥林匹亚剧院（Olympia Theatre）连续做了18场演出，在那里他们面对的歌迷同样热情，不过主要是以男性为主。在巴黎的那段时间，他们得知了一个消息：他们的第五支单曲《我想握住你的手》（I Want To Hold Your Hand）成为了美国的销量冠军。披头士们在美国多少获得了一些成绩，但大神唱片公司对他们缺乏兴趣这一事实却让他们沮丧不已——大神推掉了他们之前的所有唱片，因为觉得它们太不商业化了。

很少有英国的唱片艺术家能在美国排行榜上登顶，所以，披头士的早期唱片是由独立厂牌发行的。

这一过程是漫长的，其间充满了艰难的抗争。当他们终于在美国取得成功的时候，其程度也远远超出了他们的想象。他们的唱片销量以百万计。仅在默西赛德郡，他们就获得了数百万美元的唱片销售收入。他们所到之处，人们无不夹道欢迎。对列侬来说，这已经是他梦想的一切了。"当然，名声、权力、金钱，我都有了，我是个大人物了。但是最棒的还是征服美国。"他说。他承认，没有一位披头士能单靠个人能力在美国取得这样的成功。每个人都为乐队的成功发挥了不可替代的作用。但列侬接受访谈时清晰的表达力，以及他的尖刻和机智使披头士突破了一般流行明星的樊篱。无论何时，只要披头士接受采访，列侬总是被记者首先提问的那一个。

返回英国以后，披头士开始忙于拍摄他们的首部电影：《一夜狂欢》（A Hard Day's Night，1964）。就像他们之前做的所有事情一样，这部影片也打破了通常的模式。这并非一部利用他们名气的廉价电影，导演理查德·莱斯特（Richard Lester）宁愿把影片塑造成一部表现他们一天生活的风格粗粝的黑白纪录片，有着和他们自身一样的快节奏，并且妙趣横生。英国版的电影原声专辑收录了由列侬和麦卡特尼创作的13首歌曲，这是第一张证明他们作为创作人的耐性和天才的出色专辑。类似他们是舒伯特（Schubert）之后最伟大的音乐创作人之类的赞誉铺天盖地地涌来。他们不仅为披头士创作歌曲，也为其他各种风格的艺术家如艾拉·费兹杰拉（Ella Fitzgerald）和彼得·塞勒斯（Peter Sellers）创作。咪咪姨妈曾经说过列侬永远也无法靠弹吉他挣到钱，现在这个预言可是落空了。

就在披头士忙于拍摄《一夜狂欢》的同时，列侬也在挤时间设法出版他的首部著作：《自写集》（In His Own Write）。这本书里的许多材料都来自于列侬童年时所画的连环画《怒吼日报》。这本书只有小小的一卷，主要由诗歌和幽默的绘画组成。人们开始把列侬和乔伊斯（Joyce）、瑟伯（Thurber）放在一起比较，自然，这让列侬高兴坏了。打从很小的时候起他就知道自己命中注定要成为了不起的大人物，现在这一断言得到了证实。这本书还揭示了列侬内心的某些黑暗面，以及他在青年时代心灵遭受的创伤。他的作品里充斥着残疾人，极度畸形的生物，还有几年前让兰尼·布鲁斯为之获罪的那种冷幽默。列侬这样描述他创造的那些角色："我将他们设定为残酷的化身。他们是仙境里的爱丽丝，是小熊维尼。我那时非常焦虑。我排解掉了很多类似的情绪。这就是当时发生的一切呈现在我眼中的样子。"

列侬始终无法摆脱那些来自他童年的梦魇。尽管披头士当时已是最为成功的娱乐现象，他仍然会不时地被自我怀疑和自卑所折磨。1964年秋天，他为披头士的第四张专辑《出售披头士》（Beatles For Sale）录制了《我是一个失败者》（I'm A Loser）这首歌。次年他为他们的第二部电影《救命！》（Help!, 1965）录制了同名主题曲。后来他这样说道："我的意思是——它是真实的，这首歌的歌词就是我当时的写照。它和真实的情况毫无区别。它让我知道当时我是了解我自己的，这带给我一种安全感。"这首歌明显引发了列侬的共鸣，因为 1970年，当他开始接受心灵治疗的时候，他又唱起了这首歌，并且有意识地在好些不同的场合重新录制了这首歌。

虽然拥有漂亮的摇滚嗓音，列侬却不喜欢听到他自己的声音。那些曾经影响过他写歌的疑虑，同样也影响了他录制自己声音的方式。当他发现可以通过使用"双音轨"或增加回声的方法让他的声音听起来和原来不同时，他坚持要修饰声音的效果。随着录音棚技术的发展，列侬在掩饰自己本来的嗓音上也有了很大的进步。由于服用致幻剂的缘故，他的嗓音越来越失真，在披头士的杰作《明天无从知晓》（Tomorrow Never Knows）中，他变声的程度达到了极致。他一生都对自己的嗓音有所保留。在他录制于 1980年的最后一张唱片里，他花在修饰和完善声音上的时间比花在其他任何一个环节上的都要多。

披头士们的工作量空前繁重。他们始终担负着创作更多歌曲的压力，面临着录制唱片、电台和电视节目的残酷考验，还得接受对故事片表演、现场演出的严苛要求。在这些要求之下，有些东西只能被放弃。他们录制在唱片中的很多东西是没法在舞台上复制的，而由于是在大型体育场进行表演，他们不可能听到他们自己的声音。1966年，他们在德国、日本、菲律宾和美国的巡回演出成了压死骆驼的最后一根稻草。无论如何，旅行总是有趣的。他们走到哪里，哪里就有抗议、死亡、威胁，还有总让乐队的安全处于失控状态的潮水般的歌迷。接着，列侬又在美国引发了争议，因为他在接受一家英国报纸采访时的言论被媒体摘录报道了出来。

在接受《伦敦标准晚报》记者莫琳·克利夫（Maureen Cleave）采访时，列侬就基督教对年轻人缺乏吸引力发表了议论，他还将披头士的流行程度和耶稣基督作了比较。在英国，这段言论被从整篇围绕着流行巨星领域之外的主题展开的丰富而渊博的访谈中摘录出来进行了单独发表，但并没有引起关注。四个月以后，一本以年轻少女为受众的美国杂志也将这段言论复制下来进行发表，最终引发了全国性的愤怒。广播电台禁止播放披头士的唱片，人们公开焚烧披头士的唱片和相关商品。甚至连三K党也出来搅和。这让列侬感到非常不舒服，他被迫在披头士最后的美国巡演期间公开道歉。每场记者招待会上，他都被要求对他的言论加以解释，这让他的烦恼与日俱增。"我没有反上帝、反基督，也没有反宗教"，他说，"我没有说过我们比上帝更优秀、更伟大。我信上帝，但我不是把他当作某个东西、某个生活在天上的老人家在信奉，我相信人们所说的上帝其实是我们每个人内心都有的某种东西。"

这是披头士作为一支巡回乐队的结束，但却是列侬成为一名和平主义者的开始。当披头士回到英国时，他们被允许休息一段时间，实现自己的个人计划。列侬获邀在理查德·莱斯特的反战影片《我如何赢得战争》（*How I Won the War*, 1967）中饰演火枪手格里普韦德（Gripweed）。列侬很多次都想公开表达他反对越南战争的观点，但总被布莱恩·爱泼斯坦制止，因为爱泼斯坦认为披头士不过只是一支流行乐队而已。《我如何赢得战争》告诉列侬，他还有披头士成员以外的身份，他也能在成长中的和平运动里扮演积极的角色。"我讨厌战争"，他说，"越南战争，还有那里正在发生的一切都让我有那样的感觉。如果还有另一场战争的话，我将不会反抗——尽管人们总是要求年轻人起来反抗，我只会站在那里，尝试着，并且阻止他们。"然而，在他能够全力投身于和平运动之前，他又要去录制披头士的下一张专辑了。

从巡回演出的束缚中解放出来的披头士搬到了百代工作室，开始录制《佩珀中士的孤独之心俱乐部乐队》（*Sgt. Pepper's Lonely Hearts Club Band*）——有很多人相信这是他们最伟大的一张专辑。他们录制的第一支歌曲是列侬创作的《永远的草莓地》（*Strawberry Fields Forever*）。它的录音效果成了余下专辑曲目的标杆。列侬对他在歌曲上的首次尝试不太满意，他坚持要在第一版基础上将音高升高，再录制一个版本。然而，列侬对新版本也不太满意，他要求马丁将第一个版本的第一段和新版本结合到一起。在这张专辑里，披头士们将他们的创造力和技术水平发挥到了极致，他们花在录制《佩珀中士的孤独之心俱乐部乐队》上的时间为７００小时，这是一个史无前例的数字。同时，他们还将录制这张唱片的录音棚变成了一个实验性的声音实验室。

列侬在创作上变得越来越迂回。《永远的草莓地》不仅是一首关于他在利物浦的童年记忆的歌，它还是一种声明，表明他是用一种不同于他人的方式观察这个世界的——其他人是闭着眼睛生活的。如果说之前他感知这个世界的方式已经不同于他人，那么现在这种方式已经被致幻剂所扭曲。这也必然影响到了他的歌曲创作。但当人们意识到《露西在缀满钻石的天空中》（Lucy In The Sky With Diamonds）这句话中的三个名词的开头字母正好可以拼出"LSD"（致幻剂）时，他却坚决不肯承认这首歌是他在迷幻状态下创作的。但 BBC还是对这首歌以及他的另一首杰作《生命中的一天》（A Day in the Life）进行了封杀，因为《生命中的一天》里有"我希望让你神魂颠倒"这样的歌词。列侬并不希望让人们为了迷幻剂而神魂颠倒，他真正希望的是开启人们的心灵，激发他们的潜力，从而影响到整个社会。如果说他在用《生命中的一天》传递这一想法的实践上失败了，他却在另一首歌上获得了更大的成功，那就是他为披头士首次全球直播的电视节目创作的《我们的世界》（Our World）。

列侬受ＢＢＣ的委托创作一首旋律简单，能够被世界各地的人们所理解的歌，于是他写下了这样一首歌，它是对他不断增强的信念的概括：他相信民众的力量一定能够带来积极的变化。 他也渴求和平。《你所需要的只是爱》（All You Need Is Love）在很大程度上可以被视为《想象》（Imagine）的前奏。列侬告诉他的听众们："没有什么事情是你想做而做不成的。"此外，做起来是很容易的。如果《永远的草莓地》表现了列侬的矛盾心理——"对我来说这不算什么"，《你所需要的只是爱》则传递出一种积极的信息，告诉人们认识自身的潜力，为一个将爱与和平置于战争和破坏之上的世界而奋斗。

《你所需要的只是爱》是列侬向成为一名和平大使迈出的第一步。但在他全身心地投入这项事业之前，他还需要先找回某种内心的平静。乔治·哈里森向他推荐了马哈里希·玛赫西·优济（Maharishi Mahesh Yogi）的课程，他觉得自己可以在超觉静坐中让内心恢复平静。最开始，他将之视作一种提升自我的修炼，但这一愿望很快破灭了。他用一首名叫《性感的赛迪》（Sexy Sadie）的歌对玛赫西进行了半遮半掩的攻击。在他沉迷于超觉静坐中的那段时间，列侬的世界里发生了两件大事。其一是，披头士乐队的经纪人布莱恩·爱泼斯坦去世了，乐队开始无可挽回地向下坠落，随时有可能落到地面撞个粉碎。就在同一时间，他对一位名叫小野洋子的观念艺术家产生了兴趣。他是在上一年里遇见她的，她的作品"生日庆祝事件"（Birthday Festival Event）一下子击中了他。在这期间，她连续 13天每天都会寄给他一张卡片，卡片上写有"呼吸"或"跳舞"的指示。直到 1968年初夏，列侬终于放弃了玛赫西·优济，和小野确定了关系。

p28 1974年，列侬回到纽约录制专辑《墙和桥》。这张专辑是在艾尔顿·约翰的帮助下在录音棚录制的。专辑的主打歌是他的首支冠军单曲《你如何度过良宵》。

"我一直有一个梦想,我梦想自己会遇见一位艺术家,一个艺术家女孩儿,而她也会喜欢上我",他说,"不过我觉得这只是个神话。但我遇见了洋子,于是神话成真了。"小野改变了列侬。她赋予他自信、激情和能量。列侬一头扎进了洋子先锋派艺术的世界中,他们一起并肩战斗,将大量精力投注在推动世界和平的事业当中。"我们都试图找到彼此共通的东西,一个共同的生活目标",他说,"我们最后确定的目标就是爱,和平从爱中诞生,所以我们决定为世界和平而奋斗。"

他开始在公开场合宣扬政治,他写出了《革命》(Revolution)这首歌,并在洋子的启发下为披头士的《白色专辑》(White Album)创作了《革命9》(Revolution 9)。他们是不可分割的整体,所有地方他们都要一起去,甚至在披头士录制唱片的时候——她在《班哥洛·比尔的后续故事》(The Continuing Story of Bungalow Bill)中献唱——而这最终打碎了将这个团体勉强维系起来的已经十分脆弱的动力。在小野的支持下,列侬顺理成章地以个人名义举行了首次独唱音乐会,还在滚石乐队(Rolling Stones)"命运多舛"的"摇滚马戏团"(Rock'n' Roll Circus)演唱会上作了表演。

在小野的鼓励之下,列侬开始游离于披头士之外。在小野身上,他找到了自己的理想伴侣。她鼓励他不断攀登创造力的高峰,而他的声望和地位则确保了他们所做的一切都能成为头条新闻。1969年3月20日,他们结婚了,他们利用这一公共事件采取了一些积极的行动,这为他们的婚礼赋予了完美的意义。

最后,列侬最终投身于过去一年席卷欧洲和美国的那种政治激进主义活动中。1968年一整年里,到处都是反对越南战争的抗议活动和骚乱。列侬已经写下了他对革命的渴望,但他还无法投身到革命的理想之中,因为他发现革命的本质往往是暴力。和小野在一起后,他发现了一种非暴力的抗议形式,这种形式既可以让民众听到他和他的呼声,也可以推动世界的和平。

当他们将自己的蜜月转化为一场旨在推进他们的理想的多媒体运动时,他们为和平发起的圣战以及越南战争的结束无疑为他们带来了一次飞跃。从那时开始,他们以和平之名化身成为活的艺术品。"我们的生活就是我们的艺术",列侬说,"那就是床上和平运动的本质所在。我们是在纸上为和平做广告,而不是战争。"

列侬夫妇想要发起一场能够激发人们自我意识的觉醒和个体反抗的文化革命,一场由民众而非领导者发起的革命。就像在他之前的鲍勃·迪伦一样,列侬也说不要追随领袖。这场革命从个体层面发端,也依托个体而壮大。列侬用音乐和艺术为这场革命添砖加瓦,他希望能够一次激励民众挖掘自身的潜能,建造起一个全球化的乌托邦。问题在于,大多数民众都无法理解卧床一周或者留长头发如何能够带来和平。事实上,对大多数人来说,列侬和小野是太理性了,以至于让人无法领会他们尝试想要实现的东西。尽管他的单飞生涯已经走得很稳,例如,他已经和小野一起发行了两张个人专辑,在回到英国以后,他又开始投身到披头士的最后一张专辑《艾比路》(Abbey Road)之中,但是,直到当年9月,他才真正做出了脱离乐队的决定。他将这一决定告诉了其他的披头士们，但对新闻媒体，他依然保守着秘密。

1969年，在《滚石》（*Rolling Stone*）杂志发起的投票活动中，列侬被选为当年的年度人物，而英国社会学家、人类学家戴斯蒙德·莫里斯（Desmond Morris）则更进一步地将列侬评为时代人物——获得这一称号的另外两人分别是约翰·肯尼迪和胡志明。尽管列侬被认为就影响力而言已足以跻身于那些史上最强大的领导者之列，但他在观念上正变得越来越激进。他还是那个热情的和平主义者，但随着越南战争的逐步升级，他的观念开始越来越偏向于左翼。列侬很快成了反主流文化之王，而他本人也很乐于将自己的钱和时间献给那些他认为符合自己理想的活动。列侬和小野用一场宣扬"战争结束了！如果你想要一个快乐的圣诞节——约翰 & 洋子"全球明信片运动作为当年的结束。这个简单而有力的理念是对小野早期概念化、指导性的艺术作品的回顾，同时也让他们的和平运动得以保留在公众视线当中。

对列侬来说，1970年是改变的一年。在当年的 4月 10号，保罗·麦卡特尼宣布脱离披头士乐队。列侬永远无法原谅他的这一决定。这并非因为他想让乐队持续存在下去，他没这样想过。而是因为他自己是乐队的创始者，所以乐队的死亡也必须由他来宣布。1970年也是列侬从公众视线里撤退的一年。列侬用这段时间来对抗他所遭遇的丧母之痛。4月，他飞到洛杉矶，用三个月时间接受阿瑟·贾若夫（Arthur Janov）博士的尖叫疗法（一种重温创伤以释放受压抑情感的心理治疗法）。也是在这段时间，他开始尝试和他的愤怒与痛苦和解——这些愤怒和痛苦从他的内心释放出来，然后进入了他于治疗期间创作的歌曲当中。

列侬在洛杉矶创作的那些歌曲被收录在《约翰·列侬 /塑料洋子乐队》（*John Lennon/Plastic Ono Band*）中。很多人认为，这是列侬最伟大的一张个人专辑。这张专辑也让列侬、林戈·斯塔尔还有贝斯手克劳斯·沃尔曼（Klaus Voormann）——列侬第一次遇见他还是在汉堡——重新回到了录音棚里。这是一张毫无修饰、风格粗犷、极度个人化的专辑，一件厚颜无耻的、宣泄式的作品。这张专辑表明，列侬向全世界袒露了他的灵魂。之前还没有过哪个摇滚明星创造出过如此个人化，又如此打动人心的作品。这张专辑以《我母亲的死亡》（*My Mummy's Dead*）作为结束。在这首飘渺的安魂曲中，列侬终于让他母亲的灵魂得以安息。

列侬夫妇在日本和小野的家人一起度过了 1971年的前几个月。由于披头士解散的诉讼即将开庭，他们不得不缩短在日本的行程。一回到英国，列侬就接受了一家左翼杂志《红鼹鼠》（*Red Mole*）的采访。

之后他创作了《权力归于人民》（Power to the People）这首歌。"左翼人士们在讨论将权力赋予人民"，他说，"每个人都知道人民拥有怎样的力量，我们所要做的就是将他们心底的力量唤醒。"那正是这些年里他一直在用更为微妙的方式加以尝试的事情。但是现在，尽管还有些小心翼翼，他已经开始让自己和激进的左翼政治结合起来。然而他依然无法确定是否应该全心投入到这项事业之中，因为他接下来的一张专辑并没有发出太多战斗的号令，而只是在邀请人们一起梦想而已。

在他之前的专辑里，列侬说过"梦做完了"。而他之后的专辑则给了人们一个新的梦，一个和平融洽的世界的梦，一个不论肤色、信仰、阶级、种族或财富，人人平等的世界。这张专辑的主打歌《想象》是列侬在小野的"说明书式"作品的启发下创作的——只有当别人意识到他们的存在时，这些艺术作品才能成为一种实在。列侬采用了她的理念，为这个世界写出了一首希望之歌。他相信，如果每个人都想象会有一个更好的世界，那么这个世界就一定会到来。后来，小野用一句箴言对这首歌的主要思想进行了概括："如果只有你一个人做梦，梦就永远是梦。如果你们一起做梦，梦就会变成现实。"《想象》让我们将自己视为这世上所有人中的一分子，而不是被国籍、宗教或者财富所定义的个体。当然，列侬也因为里面的句子"梦想无产"而受到了批判。但他所说的归根结底是在尝试想象一个让我们不被任何东西所定义——包括我们拥有的东西——的世界。

《想象》足以定义列侬和他所持的信念，它也成了他最著名的歌曲，同时也是有史以来被翻唱次数最多的100首歌曲之一。2004年，《滚石》杂志发起的票选将它评为有史以来最伟大的一首歌。列侬和小野将《在纽约的时光》（Some Time In New York City）作为《想象》这张唱片的结束曲。到那年9月，为了生活得更为舒适，他们搬到了纽约。一来到这里，列侬就遇见了青年国际党（易比派）（Youth International Party, Yippies）的领袖杰里·鲁宾（Jerry Rubin）和艾比·霍夫曼（Abbie Hoffman），他开始和他们一起投身于各种政治抗议活动。列侬和大象的记忆乐队（Elephant's Memory）为白豹党领袖约翰·辛克莱尔（John Sinclair）举行了数场义演，为阿提卡监狱暴乱中的牺牲者募捐。同时参加了许多类似"杰瑞·刘易斯电视马拉松"（Jerry Lewis Telethon）的主流电视募捐节目。

列侬已经完全加入到了那些为自由而战的斗士们之中。很自然地，他们会写下他们的那些政治活动，还有他们期望由自己带来的变化。列侬开始真诚地创作，但过去从他心里生发出的那些东西——他最后的一批作品仅仅只是记录了他周围发生的事情。在他接下来的专辑《在纽约的时光》中已经找不到他过去专辑里那些感性的、情绪化的东西，反响平平。而对美国政府，它也没能很好地发挥作用。

尼克松总统政府认为列侬对社会造成了破坏性影响，希望他离开美国。FBI偷录他的电话，跟踪他的每次出行，甚至对他的歌词进行分析。他们试图通过举证他曾经非法拥有大麻而将他驱逐出境。

列侬即将面临他和当局之间最大的一场战争。这场战争将要拖延数年之久,还将对他和洋子之间的关系以及他的工作产生巨大的影响。尼克松获得连任以后,列侬渐渐远离了激进的左翼政治,将注意力集中到他的音乐上来。他的下一张专辑《心灵游戏》(*Mind Games*)中只收录了少量有明显政治倾向的歌曲,但这张专辑的同名主打歌曲其实重申了他对和平革命的渴望。纵然在表述上有些模棱两可,但它的精神内核却和《想象》并无二致。

列侬的精神气质曾经将他们二人接通,现在又开始反过来影响他们之间的关系。就在专辑《心灵游戏》发行后不久,列侬和小野分居了,列侬搬到了洛杉矶,和一些摇滚界的重量级酒鬼混在一起。列侬重新变回了汉堡时期那个纵情享乐的摇滚歌手。"在洛杉矶,你要么躺在海滩上晒太阳,要么变成那些永无休止的商业演出、派对、音乐会的一分子",他说,"那种景象让我很紧张,我一紧张就不得不喝酒,而我一喝酒就会变得很好斗。"听上去好像似乎从未有过那段由政治运动和心灵疗法构成的岁月。分居带给列侬很多痛苦,他试着用酗酒对痛苦加以掩饰,这也是后来被他称之为"失去的周末"的开端。这个周末持续了18个月之久,报纸上到处充斥着对他回到洛杉矶的理由的猜测,不过没有一个是正确的。

列侬搬到洛杉矶的原因之一是和制作人菲尔·斯佩克特(Phil Spector)一起为他最喜欢的摇滚老歌录制专辑。这位特立独行的制作人和列侬一起联合制作了他之前的三张专辑,列侬一直试图将成功掌握在自己手中。然而,眼下列侬和斯佩克特都失去了把握成功的能力。录音的过程就和列侬当时的生活一样混乱,最后的结局也很出乎意料——斯佩克特带着母带消失了。在几乎别无选择的情况下,列侬约他的酒友哈里·尼尔森(Harry Nilsson)和他共同制作一张专辑。这些聚会可算是混乱到了极点,但人们总算看到列侬和他的前创作伙伴保罗·麦卡特尼在录音室里团聚了。列侬努力想要将尼尔森的专辑在洛杉矶制作完成,但他同时也意识到享乐主义的道路是永远走不到头的。于是他回到了纽约去完成这张专辑。尼尔森的专辑刚完成,列侬就开始忙于制作他自己的新专辑《墙和桥》(*Walls And Bridges*)。他和艾尔顿·约翰(Elton John)一起合作录制了他的首支冠军单曲《你如何度过良宵》(*Whatever Gets You Thru The Night*)。11月28日,他和这位钢琴家一起出现在麦迪逊广场花园——这也是他最后一场公开表演。在演出后台他又遇到了洋子,不久之后他就搬回了他们位于达科他的公寓。"当洋子和我回到一起时,我们确定了这就是我们的生活",他说,"那时有个孩子对我们来说很重要,与之相比其他一切都是次要的,所有的一切都必须为之抛弃,我的意思是,放弃让我们获得了我们一直以来寻求的圆满,还有呼吸的空间……"

尽管《墙和桥》大获成功,列侬却意识到这张专辑不过是一张匠气之作而已。对他来说,和洋子分手，一直以来所遭受的被驱逐的威胁，还有披头士连续遇到的商业麻烦，他所感受到的绝望都反映在这张专辑里了。"从音乐上来说，我的意识是一片混乱"，他说，"没有灵感，只有一片悲惨的氛围。"

尽管沮丧，列侬还是很高兴能回到录音室里。1975年1月，他和大卫·鲍威（David Bowie）一起为后者的《年轻的美国人》（Young Americans）专辑录制了两首歌，他是其中一首《名声》（Fame）的创作者之一。这张专辑后来成为了鲍威的第一张美国冠军唱片。回到曼哈顿，列侬又恢复了活力，他开始为他去年和斯佩克特一起合作的那张专辑录制更多的摇滚老歌。这张发行于1975年初的专辑《摇滚》（Rock'n'Roll）成为了他在五年内发行的所有新列侬唱片中的最后一张。

1975年10月对列侬来说有着里程碑式的意义。10月7日，列侬最终在和美国政府的较量中获胜，他的驱逐令被取消了（他在1976年7月27日获得了绿卡）。两天以后，在他35岁生日那天，洋子生下了他们的儿子肖恩。为了庆祝肖恩的出生以及他和百代的合同到期，列侬编辑了一张精选辑《被屠之鱼》（Shaved Fish）。而他的独唱生涯也至此画上了句号。

尽管他现在是个自由的经纪人，列侬又开始计划一张全新的专辑，但很快就放弃了想要将唱片生涯延续下去的念头，转而将他生命中的下一个五年用以抚养肖恩。列侬已经渐渐厌倦了唱片业，儿子的出生正好可以用作他从公众视线里消失的借口。他本来可能成为一名家庭妇男，但这并未让他创造力的源泉干涸。他重拾对书本的热爱，广泛阅读古代史和宗教著作。他每天都坚持记日记，延续他头两本书的风格写作散文。这些作品在他去世后结集出版为一本叫做《空中文字口耳相传》（Skywriting by Word of Mouth）的书。同时他还在继续写歌。

列侬的"家庭妇男"生涯并非一帆风顺。1979年5月27日，约翰和洋子在《纽约时报》发表了一整版的信，告诉人们对他们而言最艰难的时刻已然过去。"现在房子变得舒服极了。肖恩很美。植物正在生长。猫咪打着呼噜。镇子正在闪耀。太阳，雨或者雪花。我们生活在一个美丽的宇宙中。"尽管他们的生活看上去就像一首优美的田园诗，他们依然没有忘记自己本质上还是为了社会公正而奋斗的运动家。信里继续说道："如果两个我们这样的人能够用我们的生命做我们现在所做的事，还有什么奇迹不能发生！地球的未来掌握在我们每个人手中。"

1980年6月，列侬乘坐一艘名叫"梅根贾伊号"的帆船前往百慕大群岛。这段航程和之后他在百慕大岛上逗留的经历重新唤起了他出唱片的欲望，再加上肖恩的五岁生日就要到来，正是计划复出的好时机。岛上的自然环境赋予了列侬创作的灵感，他写了一批新歌，又把以前没有完成的工作拿出来返工。新的专辑将会由约翰和洋子联合发行，这是他们自1972年以来首次以这种方式合作，这也是他们计划好的三部曲中的第一步，最后会以一次世界巡回演出作为三部曲的高潮。在百慕大期间，列侬前去参观了一个植物园，在那里他发现了一种兰花，他当场将它命名为"双重幻想"（Double Fantasy）——用来作为他计划在返回曼哈顿后录制的唱片名是再完美不过了。8月，他和小野以及一支由他们亲自指定的四重奏乐队一起开始了唱片录制。他们回到工作室的消息一由列侬证实，马上成为世界各地的报纸头条。人们对他寄予了太高的期望，列侬深知，在如此长久的沉寂之后，他必须用什么东西证实自己。他们用单曲《（就像）从头再来》（[Just Like] Starting Over）为这张专辑预热。在这首歌里，人们可以看到列侬对他早期摇滚作品的思考，它暗示了这张专辑可能会是列侬生命中一个崭新篇章的开始。人们对《双重幻想》的评价是复杂的。它并不具备列侬过去作品中的典型元素——尖刻性，列侬在此专注的是让它要传递的信息与他之前的专辑保持一致。"要明确的是，'我们要为什么东西而一起祈祷。让我们一起描画同一个想象，以此来让它变得更加强大。'这正是秘密之所在。人们如果都在规划不同的东西，那就没办法联合在一起。"

《双重幻想》的发行掀起了一轮宣传浪潮。列侬主要接受了《纽约时报》、《花花公子》还有BBC的专访。12月8日早上，为了宣传专辑，他们接受RKO电台漫长的采访，之后返回到录音室里完成了小野《如履薄冰》（Walking On Thin Ice）的录音，列侬对这首歌抱有很高的期望，他计划将这首歌作为单曲为小野发行。这对夫妇在晚上10：30离开工作室，他们本来是打算先去吃点东西，再回达科他的。然而，他们最后还是决定直接回家，因为他们想在去饭店前先看到肖恩。

那天早些时候，列侬将他的签名给了一位歌迷，他根本不知道这个年轻人正在达科他等着他回家。那个晚上，列侬夫妇把他们的豪华轿车停在了路边，而不是直接开回院子里。当列侬从人行道穿过时，这个精神错乱的年轻人从背后对他连开五枪。这位曾经为了和平如此激烈地抗争过的人又用这样一种暴烈的死震惊了整个世界。这一匪夷所思的卑劣举动让世界不仅失去了一位音乐家，同时还失去了一位让无数人的心灵为之触动的杰出人物。作为一名音乐家、作家、艺术家、电影人、活动家、父亲、梦想家，列侬饱含热情地对待所有的工作，并让其他人也受此感染。对那些想象着一个没有偏见、饥饿和战争的世界的人们来说，他的精神永远不朽。

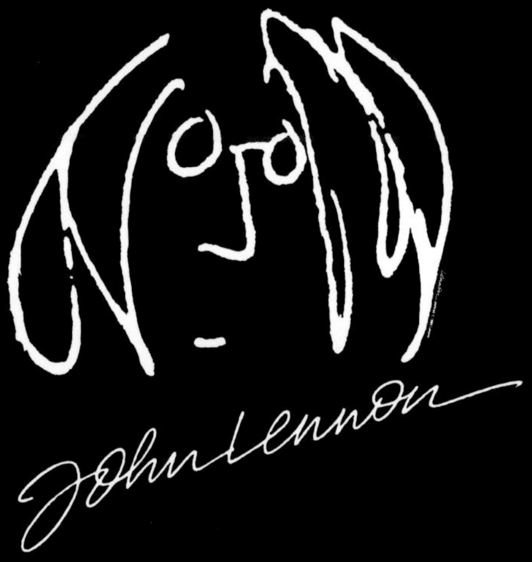
John Lennon

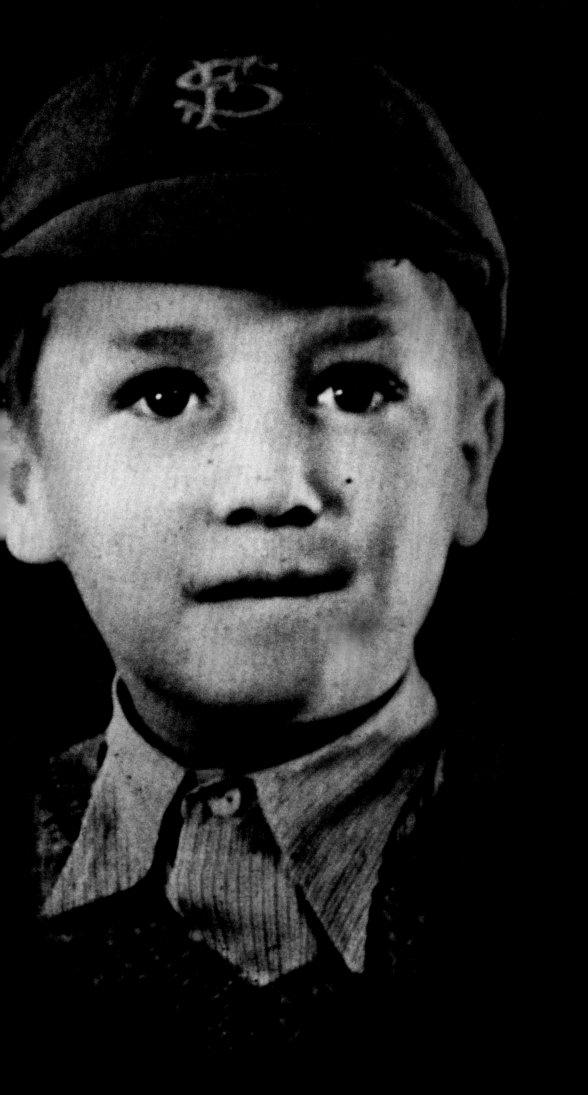

Early Years

早年岁月

CERTIFIED COPY OF AN ENTRY OF BIRTH

REGISTRATION DISTRICT *Liverpool South.*

1940. **BIRTH** in the Sub-district of *Abercromby* in

No.	When and where born	Name, if any	Sex	Name, and surname of father	Name, surname, and maiden surname of mother	Occupation of father
Columns:— 1		2	3	4	5	6
483.	Ninth October 1940. Liverpool Maternity Hospital 40.	John Winston	Boy	Alfred Lennon	Julia Lennon formerly Stanley	Steward (Steamship) 9. Newcastle Road Liverpool 15.

CERTIFIED to be a true copy of an entry in the certified copy of a Register of Births in the District a▮

Given at the GENERAL REGISTER OFFICE, SOMERSET HOUSE, LONDON, under the Seal of the said Office, the

BC 642560

GIVEN AT THE GENERAL REGISTER OFFICE,
SOMERSET HOUSE, LONDON.

Application Number........652300........

County Borough of Liverpool			
7.	8.	9.	10*
, description, and ce of informant	When registered	Signature of registrar	Name entered after registration
Lennon Father			
astle Road verpool 15.	Eleventh November 1940.	J.R. Kirkwood Registrar	

*See note overleaf.

...tioned.

.... day of July 19⁶⁸.

...ter Office shall be received as evidence of the birth ... said Office shall be of any force or effect unless it

...ing it to be false, is liable to prosecution.

p38-39 约翰·温斯顿·列侬出生于利物浦的妇产医院。家人以其祖父的名字为他命名。他的父亲——艾尔弗雷德因出海而未能见证他的出生。

p41 六岁时的约翰，脸上带着沉思的表情。当时他正因必须在和父亲生活还是和母亲生活之间作出抉择而遭受了精神上的打击。他选择了父亲。可当朱莉亚渐渐远去，他又追赶着她的背影痛哭不已。

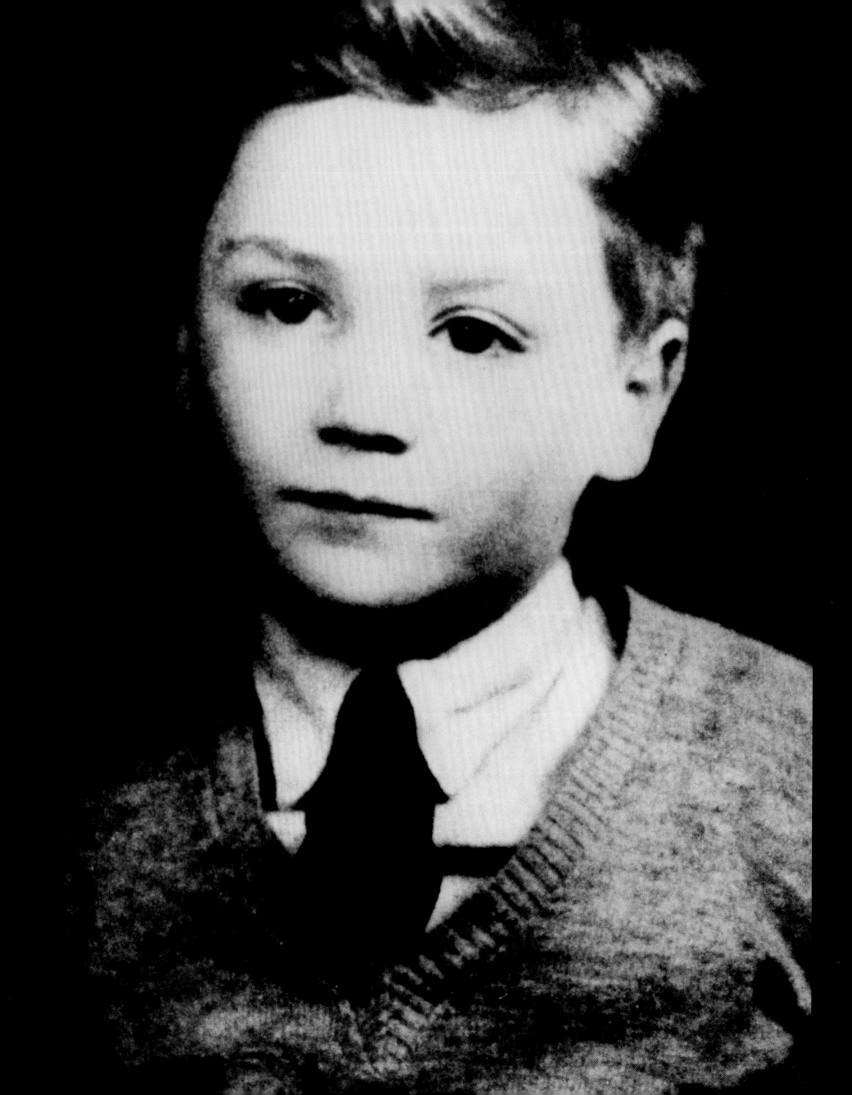

早年岁月

1940年10月9日，约翰·温斯顿·列侬出生于英国利物浦。他是艾尔弗雷德·列侬（Alfred Lennon）和朱莉亚·列侬的第一个孩子。这对夫妇于1938年成婚，婚后一直聚少离多。艾尔弗雷德·列侬是轮船上的乘务员，结婚次日他便回到船上，开始了去往西印度的航行，在那之后，他极少回家。当朱莉亚发现自己怀孕的时候，她甚至无法将这个消息告诉她的丈夫。当时，英国正在同德国交战，德国的鱼雷艇在太平洋上四处搜寻英国商船，而利物浦港又是纳粹空军炸弹袭击的重要目标。然而，关于列侬是在一次空袭时诞生的传说实为无稽之谈。事实上，当晚的利物浦没有遭受任何袭击。

由于靠一己之力实在难以维持，朱莉亚将儿子托付给她的妹妹——咪咪·伊丽莎白·斯坦利·史密斯（Mimi Elizabeth Stanley Smith）代为抚养。于是，从五岁起，列侬就在位于绿荫环绕的伍尔顿郊区的门拉夫大街251号同咪咪姨妈和乔治姨父一起生活了。咪咪和乔治对他视如己出。姨父培养了列侬读报的习惯，列侬则很快有了读书的嗜好，开始如饥似渴地阅读身边一切可以阅读的东西。

五岁那年，列侬进了离家三英里外的多佛多拉小学（Dovedale Primary School）。那时他就已经是个聪明，富有创造力且极具个性的男孩了。他和其他男孩之间的差别如此显著，以至于有些孩子竟从他那里感受到了某种威胁。尽管咪咪对他的管教极为严格，列侬还是时常陷入被同学捉弄的窘境之中。

列侬的天赋很高，他的学业却并不出众。1952年夏末，当他进入库里班克语法学校（Quarry Bank Grammar School）学习，时这种矛盾变得愈发突出，他叛逆的个性在这一时期得到了充分的发展，正是这种个性使他日后成为了无数人心目中的英雄。他把本应用来做家庭作业的时间倾注于在练习本上涂鸦和写作上。他在这些作品中展现出惊人的想象力，同学们甚至在课上传阅他的《怒吼日报》，一时引起不小的轰动。

发生在1955年的两件事将要影响到列侬日后的一生：他在那一年里第一次听到罗尼·多内甘的唱片《岩石岛铁路》（Rock Island Line）。此外，更为重要的是，他和母亲重新建立起了情感上的联系。朱莉亚性格开朗——在这点上，她和她严肃的妹妹真是截然不同。她对儿子在音乐上的爱好大加鼓励，还亲自教他一些班卓琴的和弦，并帮他创作出了他的第一首歌，巴迪·霍利（Buddy Holly）的《就是那一天》（That'll Be The Day）。这是对列侬来说极为重要的一个时期：他和母亲之间建立起深厚的情感，进一步发展了自己的个性，并且迈开了成为音乐家的第一步。

在库里班克中学就读的第一年，列侬得到了一把吉他，并且组建了自己的第一个乐队。1957年，在他最好的朋友皮特·肖顿（Pete Shotton）加入以后，乐队定名为"黑杰克"（Blackjacks）。不过，列侬很快又将乐队名改为了"采石者"（Quarrymen）。噪音爵士乐曾经推动他在学院派的道路上前行甚远。可是，从他听到猫王的音乐的那一刻起，他完全蜕变了。"那时，他每天除了猫王还是猫王。"咪咪回忆道。

咪咪非常讨厌列侬对吉他的迷恋，她总让他在门外走廊上练习，并且告诉他："吉他很好，但你永远没办法靠这个挣饭吃。"这并没有打消他抓紧一切机会玩乐器的积极性。采石者乐队经常在学校舞会上免费表演，并因此成为了学校里的话题。他们经常弄到在教堂大厅和青年俱乐部表演的机会，他们会在那里演奏当时的流行曲目。1957年7月，他们受雇在圣彼得花园宴会上表演，一共表演了两场，一场是下午的时候在花园里，另一场在教堂大厅。对刚刚闯进音乐这个未知领域的列侬来说，这将会是他一生中最重要的日子之一。

采石者乐队的一名前成员，伊万·沃汉（Ivan Vaughan），带着他的朋友詹姆斯·保罗·麦卡特尼前来观看乐队演出，列侬对时年15岁的麦卡特尼留下了深刻的印象，而后者也对列侬给德尔·维金（Del Vikings）的《跟我来吧》（Come Go With Me）即兴创作新歌词的能力印象颇深。列侬的表演结束后，轮到麦卡特尼在列侬面前露一手了。他选择的节目是埃迪·科克伦（Eddie Cochran）的《二十飞行岩》（Twenty Flight Rock）。大约一星期以后，麦卡特尼碰巧遇上了皮特·肖顿，皮特告诉他列侬很希望他能加入他们的乐队。

1957年9月，列侬成了利物浦艺术学院的学生。这栋烟黑色的建筑距离麦卡特尼就读的利物浦学院只有一步之遥。他们经常在午餐时间碰头，一起演奏巴迪·霍利和艾佛利兄弟二重唱（Everly Brothers）的歌。偶尔，麦卡特尼会带着他的朋友，摇滚乐迷乔治·哈里森一起过来。而乔治不久就会在他们的午餐练习会上占据一席之地。列侬一直在四处物色能提升采石者乐队品质的人，他觉得哈里森具有成为首席吉他手的天赋，正是他们需要的人选。第二年，采石者乐队第一次参观了录音室，还在那里灌录了两首歌：《就是那一天》，以及由麦卡特尼和哈里森作曲的《不顾一切危险》（In Spite Of All The Danger）。

1958年7月15日，列侬的童年世界粉碎了。那天，一名退役警察酒后驾驶引发了车祸，朱莉亚在这场交通事故中去世。此后，终其一生，列侬都未能从这一惨剧的阴霾中走出，这一切被埋藏在他的心灵深处，只在他的歌中偶尔出现。要花上12年时间，经历一段心灵疗法的过程，列侬才能摆脱母亲的死对他造成的影响，最终用那首伤感的《我母亲的死亡》驱走她不散的幽灵。

p43   七岁时的列侬在位于门迪普的房子的前廊外。当他开始学习弹奏吉他时，咪咪把他赶到门廊里，对他说："吉他可以作为一门爱好，可是，约翰，你永远也没法拿它谋生的。"

p45   约翰和他的母亲朱莉亚在咪咪姨妈家的花园里晒太阳。整个童年时期，约翰身边都环绕着意志坚强的女性，她们在他的生命中留下了深深的烙印。咪咪姨妈给约翰的笺言是："要么不做，要做就做到最好。"

p46 上图 在朱莉亚将儿子托付给妹妹照顾以后，约翰的咪咪姨妈事实上成了他的养母。尽管咪咪将约翰视如己出，列侬还是抛弃了她所秉持的中产阶级价值观，并成为了一名艺术家。

1952

p46 下图 傍晚时分和约翰一起读报是乔治姨父一天中的乐事。在乔治姨父帮助下养成的阅读的爱好，后来成了伴随约翰终生的习惯，他能创作出那么多脍炙人口的歌词，原因也正在此。

p46-47 十岁的列侬和邻居家的小狗斯奎克一起在咪咪和乔治位于绿荫环绕的利物浦郊区的别墅花园里玩耍。除了父母离异之外，列侬的童年是在舒适的中产阶级环境中度过的。

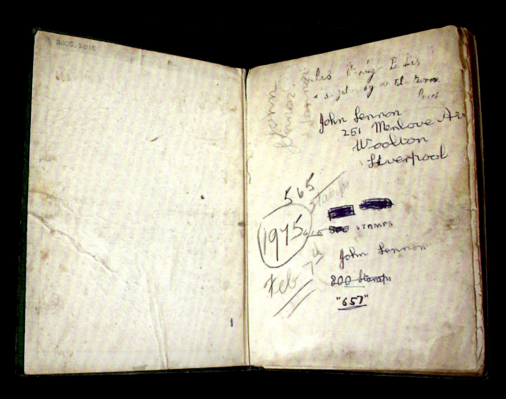

p48-49　列侬对路易斯·卡洛尔《爱丽丝漫游奇境记》中奇妙的人物和故事十分着迷。同时对给课本配上色彩明亮的插图乐此不疲。他不喜欢上学，但仍然表现出异乎寻常的创造力。打从十二岁起，他每天都要花上数小时在作业本上填满他自己创作的故事和涂鸦。他将此类作品命名为《怒吼日报》。

FORM 1R.   SEPTEMBER 1952.

Smith.L.Lennon.Shotton.Jones.K.Beattie.Jackson.Jacobs.Walpole.Turner.Hamill.Fazakerley.Fox.
Anderson.Williams.Clemson.Brooke.Mr Burrows.Jones.P.Elliott.Rhind.Hillier.Rowley.
Callaway.Gooseman.Bolt.McEvoy.Norbury.Moncher.Jennett.Raisewell.

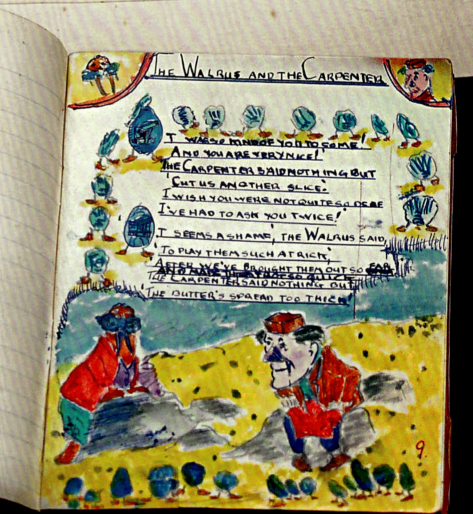

THE WALRUS AND THE CARPENTER

'IT WAS SO KIND OF YOU TO COME!
AND YOU ARE VERY NICE!'
THE CARPENTER SAID NOTHING BUT
'CUT US ANOTHER SLICE.
I WISH YOU WERE NOT QUITE SO DEAF
I'VE HAD TO ASK YOU TWICE!'

'IT SEEMS A SHAME,' THE WALRUS SAID,
'TO PLAY THEM SUCH A TRICK,
AFTER WE'VE BROUGHT THEM OUT SO FAR,
AND MADE THEM TROT SO QUICK!'
THE CARPENTER SAID NOTHING BUT
'THE BUTTER'S SPREAD TOO THICK!'

9.

1955

1957

p51　1957年7月6日，在采石者乐队为伍尔顿的圣彼得花园游园会举行的演唱会上，约翰·列侬和保罗·麦卡特尼相遇。日后他们成为了史上最为成功的音乐创作搭档。

The Beatles' Golden Years

披头士的黄金岁月

p54　1960年，披头士乐队第一次踏上德国汉堡。列侬在这段日子里逐一实现他青年时代的梦想。他前去拜见了许多他心目中的英雄，玩噪音摇滚，还赚了不少钱。可他同样思念着辛西娅和咪咪。

p56　乔治·哈里森、约翰·列侬以及保罗·麦卡特尼在位于利物浦斯福林路上的麦卡特尼家门外摆开姿势留影。此时距林戈·斯塔尔加入乐队还有两年。

披头士的黄金岁月

披头士的单曲《爱我吧》于1962年10月5日在英国境内发行，那天是星期五，离列侬的22岁生日还有4天。对一个当时除了在英国东北部地区以外还无人所知的团体来说，这首单曲的销量还算令人满意。它同时也为披头士们的一举成名奠定了基础，虽然那还是几年以后的事情。

从1960年8月开始，披头士们好几次前往德国汉堡旅行。正是在那里，他们的奇迹得以加速到来。那里的听众和俱乐部经理都相当挑剔，而他们用在舞台表演上的大量时间则让他们从一支生涩的利物浦实验乐团成长为经验丰富的音乐家团队。

1961年6月，他们在伯特坎非特为英国歌手、吉他演奏家托尼·谢里丹制作的唱片里担任和声。其中，《我的邦妮》作为单曲在德国发行，在汉堡地区，它的销量相当不错。之前还从来没有哪个利物浦的音乐团体在此出过唱片，而这张专辑从此改变了他们的生活。1961年10月底的某天，雷蒙·琼斯（Raymond Jones）走进了利物浦的北端音乐商店，向店员询问有没有《我的邦妮》这张唱片。这家商店的经理，布莱恩·爱泼斯坦向来都以能向顾客提供任何他们需要的唱片为自豪，发誓非要将这张让他大失面子的唱片找到不可。不过，他此时也不禁对这件事儿好奇起来。他听说，尽管这张唱片仅在德国发行，但录制这张唱片的叫做披头士的乐队，却不折不扣是一支利物浦的本地乐队。

不久以后，爱泼斯坦终于在利物浦马修大街潮湿的地下室里一家叫做卡文的小俱乐部中堵住了这支乐队。从看到他们唱歌的那一刻起，他就被迷住了。几周之内，他成了他们的经纪人，同时开始为他们铺设成名之路。但他们还有一个当务之急：披头士需要先在国内闯出名堂，签订一张唱片合约——这可难倒了他们。

尽管爱泼斯坦已尽全力，英国最重要的那些唱片厂牌还是将披头士们拒之门外。但一连串漂亮的销量纪录终于将爱泼斯坦领到了帕洛风唱片公司的经理乔治·马丁面前。他同意给披头士一次在伦敦的百代唱片工作室试唱的机会。那一天是6月6日。一开始他还有点兴味索然。可当他听到《爱我吧》时，他立刻给了这支乐队一份唱片合约。

在他们成为百代唱片旗下艺术家的两个月之后，乐队的鼓手，皮特·贝斯特被解雇了。取代他的是林戈·斯塔尔。乐队成员至此固定下来。到1963年底的时候，披头士们已有四首单曲、两张专辑名列他们唱片发行区的榜首。由此刮起了披头士旋风，他们成了这个国家演出市场上前所未见的最为轰动的事件。

1964年2月7日，纽约肯尼迪机场，迎接披头士们的是数百名粉丝的尖叫和欢呼。他们带到美国的是一首在英国获得冠军的单曲：《我想握住你的手》。约有 7300万观众观看了他们在埃德·苏利文秀（Ed Sulivan Show）上演唱这首歌，之后的一系列演出门票都被一抢而空。此时，披头士的热潮已经席卷了整个世界。

到了1964年4月，披头士已有14张专辑打入了告示牌排行榜（Billboard）的前 100名，而乐队的五名成员也始终占据着该领域的前5名位置。随后的一部电影《一夜狂欢》在欧洲和美国巡演时都取得了很好的票房。列侬还抽出时间出版了他的第一本书《自写集》，这本书是在他念书时写下的那些文字的基础上完成的。次年，他又出版了第二本书《工作中的西班牙人》（*A Spaniard in the Works*）。

1965年 8月15日，披头士以纽约的谢伊体育场为起点，开始了第三次美国之旅——这是谢伊体育场首次为一场摇滚音乐会开放。现场到场的粉丝有 55000人左右，这也创下了观众人数最多和返场次数最多的新世界纪录。这次旅行紧随在他们第二部电影《救命！》的发行之后。如果非要比较的话，比起过去几年只在专辑发行上取得了成绩，他们在1965年获得的成功要大得多。

然而，1966年是一个转折点。披头士们的远东之旅止于一次不愉快的外交照会——人们感觉他们对当时的菲律宾总统夫人伊梅尔达·马科斯有些"怠慢"。在披头士的第四次也是最后一次美国巡回演出中，矛盾终于爆发了。《伦敦标准晚报》采访时，列侬不经意说到，他认为现在披头士在世界上的受欢迎程度超过了耶稣基督。列侬的这一言论被《记事簿》（*Datebook*）杂志从整篇访谈中摘录下来进行了单独发表。而这一事件的后果是，整个美国都开始对披头士进行公开批判。1966年 8月 29日，披头士在旧金山的烛台公园为人们献上了他们在美国的最后一次公开表演。

出道以来的这么多年中，披头士们第一次有了些许能由自己掌控的时间。于是列侬去了西班牙，参与拍摄了一部分理查德·莱斯特的反战影片《我如何赢得战争》。列侬在影片中扮演的用色总是戴着一副圆形钢框眼镜,这渐渐成了他的个人标志。尽管和披头士的其他成员们相距遥远,他依然在为他们写歌。在美国拍摄电影期间,他写出了《永远的草莓地》。这首歌本来是预留给披头士的专辑《佩珀中士的孤独之心俱乐部乐队》的,后来作为单曲在1967年11月发行。

当年6月,披头士们在世界上第一次卫星转播电视节目《我们的世界》中,为约400万电视观众演唱了列侬创作的《你所需要的只是爱》。为了追寻比物质财富更具有永恒价值的事物,他们参加了马哈里希·玛赫西·优济大师的超觉静坐课程。8月25日,他们和玛赫西大师一起,参加了在威尔士的班戈举办的为时一周的研修班。两天后,布莱恩·爱泼斯坦被发现死于他的伦敦家中。这一天也是披头士乐队走向解散的开始。

披头士的下一场冒险,是拍摄在电视上播放的电影《魔法奇妙旅》(*Magical Mystery Tour*,1967)。关于这部电影的评论简直就是一场灾难。这不是披头士第一次将批评家们激怒,但这场风波对乐队的打击实在有些大。1968年2月,披头士们飞往印度继续跟随玛赫西大师静修。被他们撇在身后的计划包括:他们首部长篇动画电影《黄色潜水艇》(*Yellow Submarine*, 1968)的制作,还有他们的苹果唱片公司的组建工作。在印度期间,他们创作了够出一张双碟专辑的曲目,并打算一回到英国就开始录音。这些曲目中的首发单曲《嘿,朱迪》(Hey Jude)——这是麦卡特尼为列侬的儿子朱利安写的——成了他们销量最高的单曲。11月,双碟专辑《披头士》(*The Beatles*)刚刚上市,销量即过百万。接下来的那一个月,列侬发布了他的首张个人专辑《两个处子》(*Two Virgins*),这是他和小野洋子一起录制的。

到了1969年初,披头士们终于抵达了事业的巅峰。1969年1月2日,他们开始了他们最后一部剧情长片《顺其自然》(*Let It Be*, 1970)的拍摄。电影开拍没几天,乔治·哈里森就宣布要离开乐队,经过劝说他总算留了下来,可是乐队要解散的风声已然传了出去。内部的争斗让每一个人都筋疲力尽。1月30日,他们在他们位于伦敦西区中心地带的伦敦总部楼顶进行了最后一次公开表演。但是乐队并没有就此解散。1969年夏天,他们在百代录音棚里重组,录制了他们最后的绝唱《艾比路》,电影《顺其自然》及其唱片的制作却有些不顺,没能在当年完成。1970年5月,专辑《顺其自然》(*Let It Be*)发行以后人们将其描述为"一块硬纸板做的墓碑"。这就是世上最伟大的流行乐团悲伤的结局。

p60-61　列侬在德国汉堡留影。背景处模糊的人影是他的朋友斯图尔特。后来，当他回忆起摇滚英雄们的点点滴滴时，列侬是这样描述这段德国时光的："我生于利物浦，却长于汉堡。"

p62-63　由皮特·贝斯特、乔治·哈里森、约翰·列侬、保罗·麦卡特尼以及萨特·克利夫组成的披头士乐队在他们第一次访问汉堡期间的合影。摄影师为阿斯特丽德·科尔什赫。之后他们就将返回利物浦举办一系列的摇滚音乐会。

1960

p64 保罗·麦卡特尼、列侬、罗里风暴乐队的罗里·斯托姆（Rory Storm）的合影。背景为利物浦不知名的某处。林戈·斯塔尔不久将退出斯托姆的乐队并成为披头士的一员。

p65 列侬和他的'58 瑞肯贝克（吉他品牌）325 吉他。1960年，他在汉堡买下了这把吉他。后来他将它漆成了黑色，并用它为披头士的一系列早期专辑做了伴奏。

p66-67 披头士们在利物浦的卡文俱乐部演出，为他们打鼓的是皮特·贝斯特。披头士在马修大街上的俱乐部里有过 292 场演出。他们在这里被布莱恩·爱泼斯坦发掘，在这里举办歌迷见面会。也正是在这里，他们初次体验到了披头士热潮的早期征兆。

在他生命中 In His Life

约翰·列侬

p68-69　明星俱乐部（Star-Club）是披头士在汉堡演出过的俱乐部中规模最大的一家。就是在这里，他们被贝尔特·肯普菲尔特相中，后者立刻与他们签下了一张唱片——在这张唱片中与他们合作的是另一位明星俱乐部演出的常客——托尼·谢里丹。这张唱片最终促使布莱恩·爱泼斯坦同他们签下了经纪合约，并为他们带来了一份百代旗下子公司帕洛风的唱片合约。

p70-71　披头士为他们在英格兰某地举办的演唱会候场。他们早年常穿的无领夹克和他们的拖把头，后来都成为了他们的标志。尽管这种夹克不久便退出了历史舞台，披头士发型——很长一段时间里人们就是这么称呼这种发型的，却在之后许多年里一直引领着男性时尚。

p72 "我还从没见过这样的场面，也没有听到过类似观众在披头士上台时发出的那种声嘶力竭、如痴如狂、歇斯底里的尖叫——所有人都从座位上站了起来，互相推搡拉扯着，向舞台上扔娃娃形状的胶质软糖，都砸到了他们的眉毛上面。英国第二大城市伯明翰的年轻人们彻底向他们投降了。"

——德里克·泰勒（Derek Taylor）

p73　披头士的演唱会往往会发展成一场骚乱。当他们风靡全国以后，有时他们会因为安全问题而不得不将已经定好的演唱会取消。

p74-75　还在汉堡的时候，列侬和乔治·哈里森共同创作了器乐作品《为了一个幽灵哭泣》。这是他们在创作上的第一次合作——也是最后一次。

1962

p77　列侬在汉堡。拍摄者是他的朋友阿斯特丽德·科尔什赫，披头士早期的视觉形象在某种程度上是由科尔什赫塑造的。他拍摄的那些与其他歌手的风格判然不同的调子沉郁的照片也被定格为了披头士的官方形象。

约翰·列侬

p78　阿斯特丽德·科尔什赫对列侬形象的塑造深得披头士之心，以至于他们坚持要求罗伯特·弗雷曼（Robert Freeman）为他们的第二张在英国发行的密纹唱片《与披头士同行》（*With The Beatles*）拍摄的封面照片也搬用这种戏剧性光效。

1963

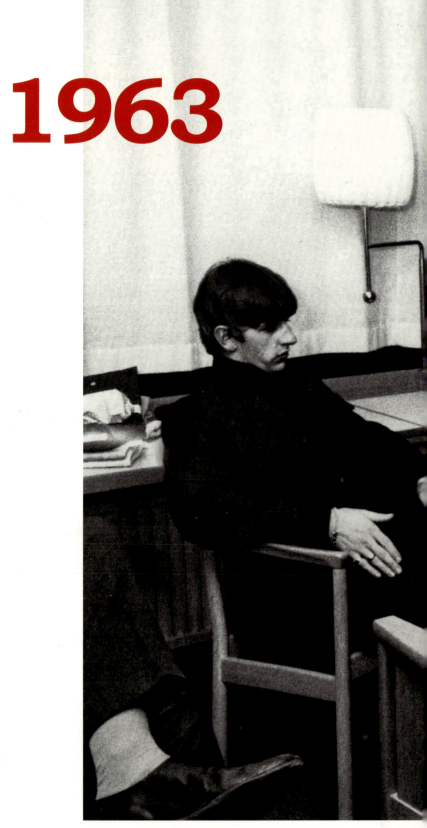

p80-81　在斯德哥尔摩的演出开始之前，披头士们度过了一个充实的假期，还排演了一些新的曲目。他们的巡演计划排得如此紧凑，以至于他们早期的好些成功曲目都是在巴士或旅馆房间里写出来的。

John Lennon

在他生命中 In His Life

约翰·列侬

p82-83　林戈·斯塔尔和列侬在斯德哥尔摩机场享受咖啡和难得的静谧，他们就要回到英国，在那里，等候他们的又将是无尽的喧嚣。

在他生命中 In His Life

约翰·列侬

p84-85　乔治·哈里森和约翰·列侬在披头士上瑞典电视节目《即兴访谈》（*Drop In*）表演前的放松一刻。他们将在节目里演唱他们的最新单曲《她爱我》、《扭摆与呼喊》（Twist And Shout）以及《我看到她站在那》（I Saw Her Standing There）。

1963

p86-87　1963年11月，披头士在英国皇家汇演上进行表演。列侬正是在那里发表了他的著名评论：坐在平价席位上的观众才是真心鼓掌的人。至于剩下的那些人，坐在前排不过是为了炫耀他们的首饰罢了。

1963

p88　身穿标志性无领夹克的披头士，这
种夹克是由专业设计演出服的裁缝为他
们制作的。然而很快，同款的廉价仿制品
就被人们穿上了街头。

p89　披头士在英国电视节目里表演他们首支在英国打榜的单曲《爱我吧》。这首歌是由约翰·列侬和保罗·麦卡特尼共同创作的。它将是披头士在美国的第五支冠

1963

p90-91 1963年12月，披头士在伦敦芬斯伯里公园参加他们的首场圣诞演出。在这场持续19天的演出中，有约10万名歌迷见到了披头士——虽然并非每个人都有幸能听到他们演唱。

Twist and shout

1963

1964

p94-95　凡披头士所到之处，总有大批尖
叫的歌迷夹道欢迎。1964年，他们抵达阿
德莱德站时，约有35万名歌迷前来迎接。
这是他们得到的接待中规模最为盛大的
之一。

1964

p96-99 尽管公众总希望流行歌手既不要结婚，也不要谈恋爱，列侬却明显对假扮未婚一事感到越来越厌倦。在披头士为埃德·苏利文秀上的表演而飞去纽约时，他公然带着妻子辛西娅同行。在只有很少人才能负担得起乘坐飞机旅行的费用的当时，这样的长时间旅行对他们来说无疑是个巨大的冒险，不过他们显然打算好好享受这一旅程。

1964

p100-101　1964年2月7日，披头士抵达纽约肯尼迪机场，又一场披头士热潮随之袭来。此前六天，他们已经凭借《我想握住你的手》一曲登顶美国流行乐榜。约有7300万电视观众（这差不多是当时美国人口的40%）收看了他们在埃德·苏利文秀上的表演。用"披头士来了"这个说法，已经算比较保守的描述方式了。

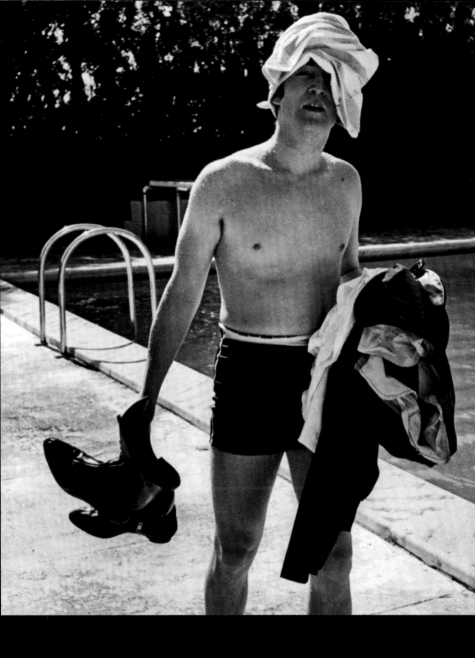

p103　列侬在迈阿密的泳池旁边，为了保护自己标志性的拖把发型，他用毛巾把头发包了起来。他右手拿着的是披头士另一件标志性的时尚单品——切尔西（Chelsea）靴子，这种靴子还有一个耳熟能详的名字——披头士靴。

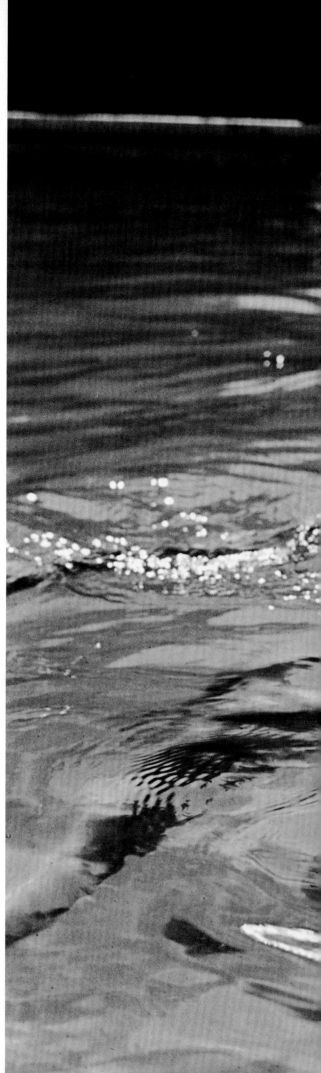

p104-105　尽管此时应该完全放松，披头士们还是被要求在摄影机镜头前面继续表演。这张由美国《生活》（*Life*）杂志抓拍的披头士们在游泳池中嬉水的照片日后成为了经典。

1964

p106-109　　从发型到时髦的衣着，再到后来的嬉皮风尚，披头士们是20世纪六十年代风格的完美典范，他们彻底改变了同时代人以及后来那些追随者们的外表和风格。

A hard day's night

p111-113 列侬和保罗·麦卡特尼在电影
《一夜狂欢》的拍摄间隙休息。当麦卡特
尼在钢琴上创作又一首流行经典的时候，
列侬则在心满意足地阅读杂志。《一夜狂
欢》由理查德·莱斯特执导，表现了披头
士狂热达到顶峰的时期，四人在一天中的
生活。该片获得了两项奥斯卡提名。

p118 《一夜狂欢》里的列侬是无忧无虑的，这和现实生活中的他恰好相反。"那些无所不知的自负的摇滚英雄们其实不过是些陷入恐惧时不知该如何哭喊的家伙而已。"

p119 打从乐队初创时起，列侬和麦卡特尼就达成了一种默契——分享每一首歌的创作荣誉——即使是他们独立创作的也不例外。这种默契使得他们日后成为了 20 世纪最伟大的歌曲创作拍档。

p120 除了在披头士的第三张英国畅销专辑《一夜狂欢》中和麦卡特尼合作创作了14首歌曲以外，列侬还在计划出版他的首部著作《自写集》，这本书后来获得了无数赞誉。

p121 列侬因为写作而被人们视为披头士中的智者。他一生出版了两本著作，还和维克托·斯皮内蒂（Victor Spinetti）共同创作了一部改编自这两本书的舞台剧。

约翰·列侬

p122-123 列侬和女演员安娜·奎尔（Anna Quayle）共同出现在《一夜狂欢》的一个场景中。尽管林戈·斯塔尔在本片中的表演广受赞誉，列侬的表演也同样自信，充分展示了他尚未显露的才华。

24-125　列侬仍旧享受着他的名气和声
，但他很快就对外界的持续关注感到厌
了。"我们被人品头论足。例如聪明的约
得说些什么，古怪的保罗该穿些什么，
治你又强壮又安静，林戈就只是林戈什
的。"

p126-127 《一夜狂欢》中披头士的经典
一幕，摄于伦敦某地。当时成员们遇到的
最大问题是怎样才能抢先粉丝一步。粉丝
们看上去本能地就知道能在哪里将他们
的英雄找到。

在他生命中 In His Life

约翰·列侬

p128　列侬有着他那个时代最好的一类摇滚嗓音，但他却对自己的嗓音充满了不自信，他一直坚持让披头士的制作人乔治·马丁用特殊音效和双声轨对他的声音加以改造。在演唱会中，他的表现毫无疑问是最有魅力的，这常常让他受人尊敬的搭档保罗·麦卡特尼沮丧万分。

p130-131　列侬深爱摇滚音乐带给他的自由，但他很快发现这种自由也有它的局限，比如无休止的记者招待会，还有那些讨厌的记者提出的毫无意义的问题。

1965

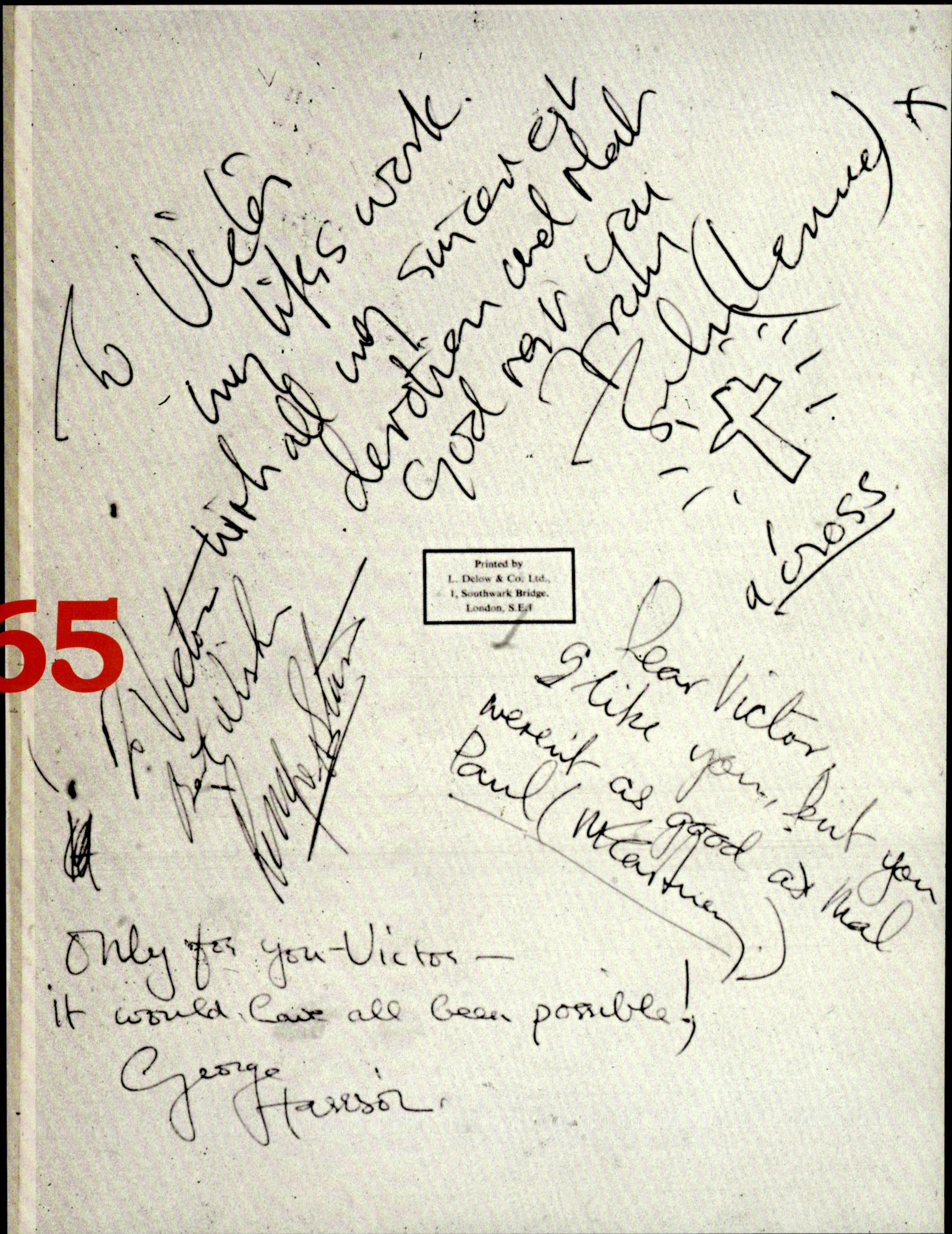

To Victor
my life's work.
turn all my sincere eye
devotion and that
Good news to you
Pray As

John (Lennon) x

a cross

Printed by
L. Delow & Co. Ltd.,
1, Southwark Bridge.
London, S.E.1

To Victor
best wishes
Ringo Starr

Dear Victor
Glike your, but you
weren't as good at that
Paul (McCartney)

Only for you Victor —
it would have all been possible;
George Harrison.

p132-133　由理查德·莱斯特导演的披头士的第二部剧情长片《救命!》同样取得了极大的票房成功。不过,列侬对这部片子却不怎么感冒,这或许是因为在拍摄的大多数时候他们都不清楚现场究竟发生了什么。

p134-135　林戈·斯塔尔和列侬在他们的第二部剧情长片《救命!》的拍摄背景前。此时的列侬已经开始对乐队的未来不再抱有幻想,很快他就将四顾寻求自己的个人项目。

在他生命中 In His Life

约翰·列侬

p137　在充分发挥了创造力、辛苦工作两年后，披头士们终于可以享受成功的果实了。约翰带着辛西娅去了圣莫里茨滑雪度假，不过他发现滑雪可比掌控吉他难多了。

1965

p138-139　到了披头士们开始创作《救命！》之时，他们已经迷上了吸大麻。这样做的结果是，一天中的大多数时候，他们都无法自制地像小女生一样笑个不停。"我们就像一壶烧开的水一样，所有人都横七竖八地躺在剪辑室地板上。"列侬说。

p140-141　列侬和斯塔尔在《救命！》的拍摄背景前。身为披头士的压力已经开始向他们袭来。列侬称之为他的"肥胖的猫王时期"，而斯塔尔则会在拍摄当口紧张得抽搐。

1966

p142-143　同样是在 1966年，列侬和英国戏剧演员彼得·库克（Peter Cook）在BBC电视节目 *Not Only* 的一个场景中留影。列侬第一次上这个节目是在 1964年，当时他在节目中朗读了他的书《自写集》中的片段。

p144 1966年，正在从巴黎前往西班牙拍摄电影《我如何赢得战争》的列侬。两周以前，也就是1966年8月29日，在旧金山，披头士们为一位买票进场的观众做了最后一场演出。

p145 在理查德·莱斯特的电影《我如何赢得战争》里得到第一个单独表演的角色一年后，列侬又和其他披头士们一起，为拍摄电影《魔法奇妙旅》而努力工作。照片拍摄于1967年9月，在加拿大德文岛。

1966

How I won the was

p146-147 列侬在电影《我如何赢得战争》中饰演火枪手格里普韦德，他因此被剪短了头发，因为角色的需要，他还戴上了一幅圆形钢框眼镜，这种风格的眼镜后来成了他的标志物之一。

p148-149 《我如何赢得战争》是列侬第一个重要的反战声明，同时也为他后来的和平抗议运动指明了道路。在西班牙拍摄期间,他还写出了他的迷幻音乐的杰作——《永远的草莓地》。

1966

p150-151　电影《我如何赢得战争》同样是在德国北部拍摄的，不像在西班牙，这里既寒冷又潮湿，在休息的间隙也很少有机会能做些什么，列侬很快就对等着被叫下一场戏感到厌倦了。

p152-153　巡演已经变成了对披头士们肉体和精神的双重折磨，列侬和披头士们都想要逃走了。披头士1966年的世界巡演成了压死骆驼的最后一根稻草。他们此后再也不会巡演了。

p154-155　1966年6月，披头士们在日本东京的武道馆大厅演出，由此引发了广泛争议。一些日本人认为武道馆大厅是圣洁的场所，披头士的表演是对它的侮辱。为了保证他们的安全，据报道有约 35000名警察被动员起来对他们进行保护。

1966

1966

p156　在访问日本以前，披头士们先回到德国参加在慕尼黑、埃森，还有他们曾经的大本营汉堡等地举办的音乐会。他们面对媒体时的耐心已经被磨得越来越少，随着巡演的发条越上越紧，他们的耐性也要达到极限了。

p157 当他们旅行到美国时，列侬可能需要多做些祈祷，他在一家英国报纸的访谈中说到，他认为披头士现在比耶稣基督还要流行，这段评论在美国一家青少年杂志上被单独摘录发表，并随之引发了骚动。

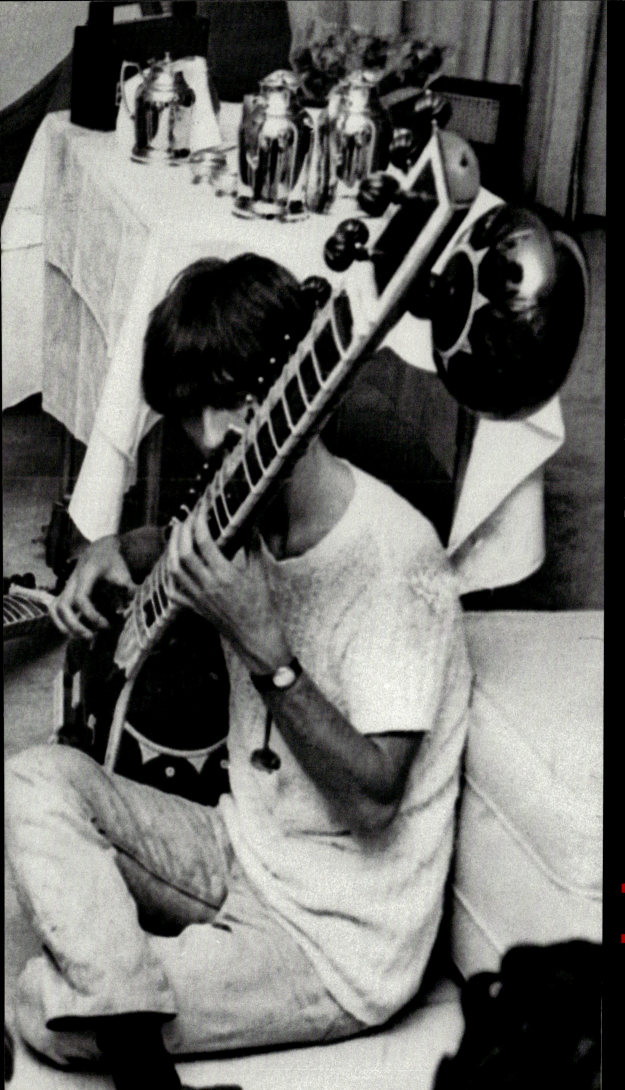

p158-159　在乔治·哈里森的影响之下，披头士们对和印度有关的所有东西都产生了浓厚的兴趣，他们 1966年的专辑《左轮手枪》（*Revolver*）就带有明显的印度音乐风格。很快披头士们就要把期待的目光投向玛赫西·优济的心灵疗法了。

1966

1967

p160　1967年6月25日，披头士们和制作人乔治·马丁在位于伦敦艾比路的百代工作室里排演他们专辑《我们的世界》中的的曲目《你所需要的只是爱》。这是世上第一次面向全球的电视转播，《我们的世界》大概有5亿潜在观众。

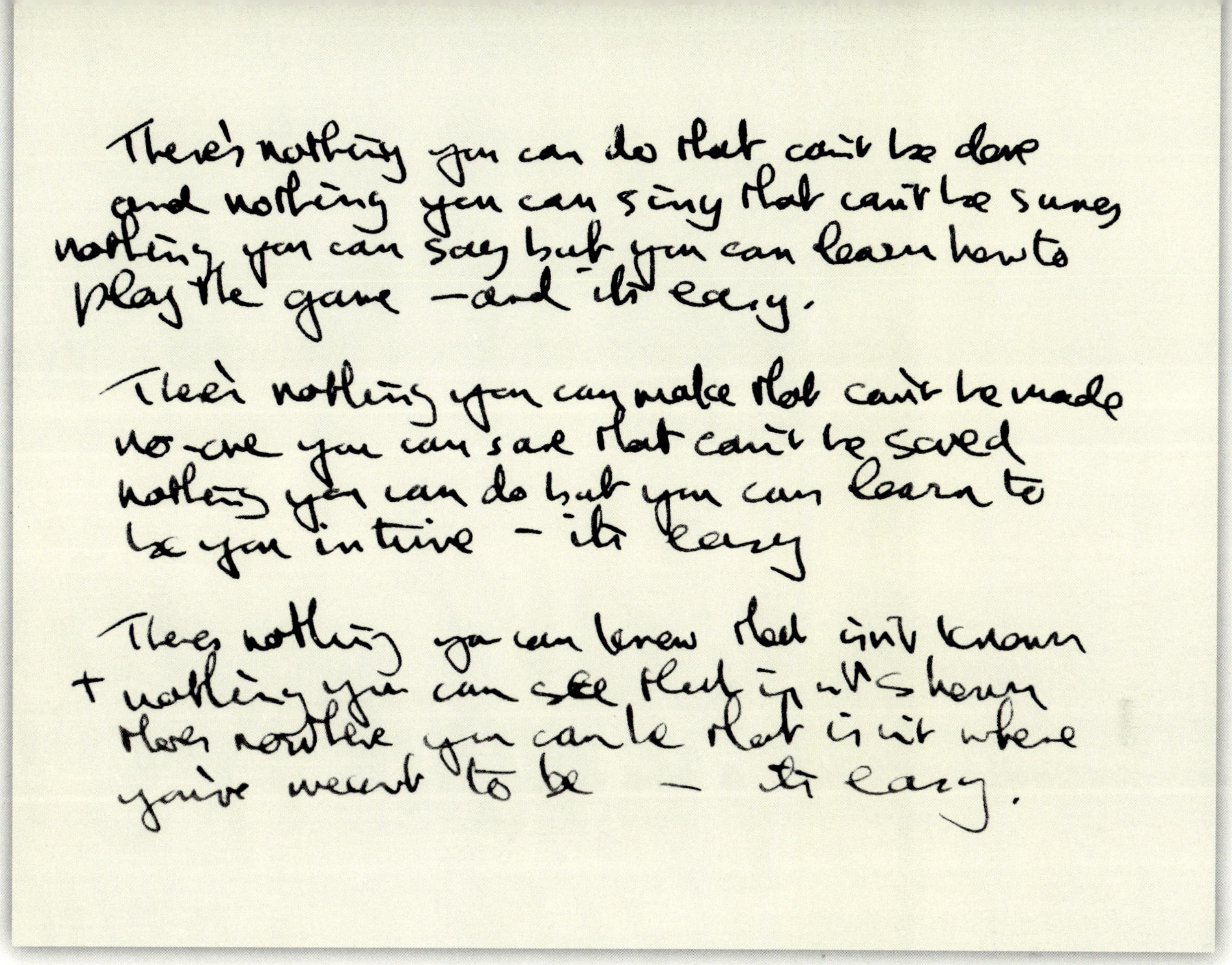

There's nothing you can do that can't be done
and nothing you can sing that can't be sung
nothing you can say but you can learn how to
play the game —and it's easy.

There's nothing you can make that can't be made
no-one you can save that can't be saved
nothing you can do but you can learn to
be you in time — it's easy

There's nothing you can know that isn't known
+ nothing you can see that isn't shown
there's nowhere you can be that is it where
you're meant to be — it's easy.

p161　列侬手写的《你所需要的只是爱》
的歌词，与披头士的《佩珀中士的孤独之
心俱乐部乐队》专辑一起，成了"爱之夏"
嬉皮士运动的最佳配乐。它也是列侬用以
实践他用"个人抗议"的方式宣传和平变
革信念的第一首歌。

p162-163　披头士们在这个饱受战争和饥饿蹂躏的世界里尽他们所能地推动"爱与和平"的信念。列侬为"爱与和平"创作的圣歌在大西洋两岸的排行榜上都位居前列。

1967

p164-165　1967年整整一年，披头士们都忙得不可思议。除了录制专辑《佩珀中士的孤独之心俱乐部乐队》和单曲《你所需要的只是爱》以外，他们又开始忙着拍摄麦卡特尼新的灵感之作《魔法奇妙旅》。

1967

Magical Mystesy Tous

在他生命中 In His Life,

约翰·列侬

p169 拍摄电影《魔法奇妙旅》时，列侬在英国西部某地。披头士们租了一辆巴士，里面载满了群众演员。他们有一个模糊的概念——希望能在他们横穿英国的途中创作出一个伟大的剧本。这个想法最后也未能实现。

1967

1967

170-171　列侬在拍摄《魔法奇妙旅》的间隙留影。列侬对这个计划做出的最重要贡献是他的迷幻风格的歌曲《我是海象》（I Am The Walrus）。这首歌后来被BBC禁播，因为里面有这样的歌词：脱掉你的内裤吧。

在他生命中 In His Life

约翰·列侬

p172 　"我们这代人全都坐在一艘船上，在六十年代的海上航行。这艘船是要前去发现新大陆。披头士们则是呆在船上的鸡窝里……"

——约翰·列侬

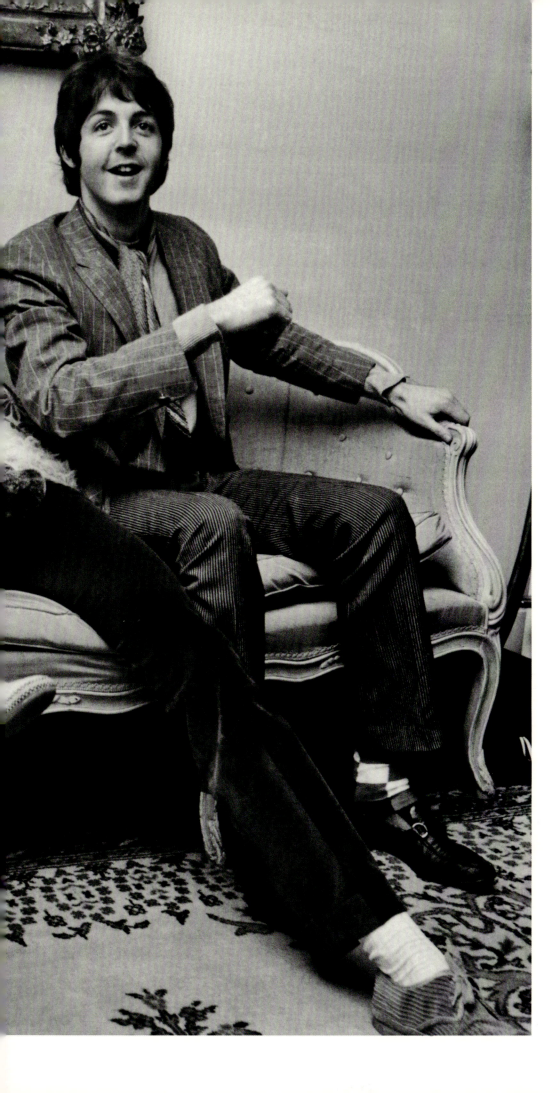

p174-175　专辑《佩珀中士的孤独之心俱乐部乐队》的首发式上，披头士们在镜头前嬉闹。这张专辑，从某种程度上来说，是对海滩男孩（The Beach Boy）温柔甜美的唱腔的回应，这张专辑将他们引入了摇滚真正辉煌杰出的新时代。

1969

p177　保罗·麦卡特尼、林戈·斯塔尔以及约翰·列侬正在为他们的动画故事片《黄色潜水艇》中披头士出场表演的一个小片段排练台词。

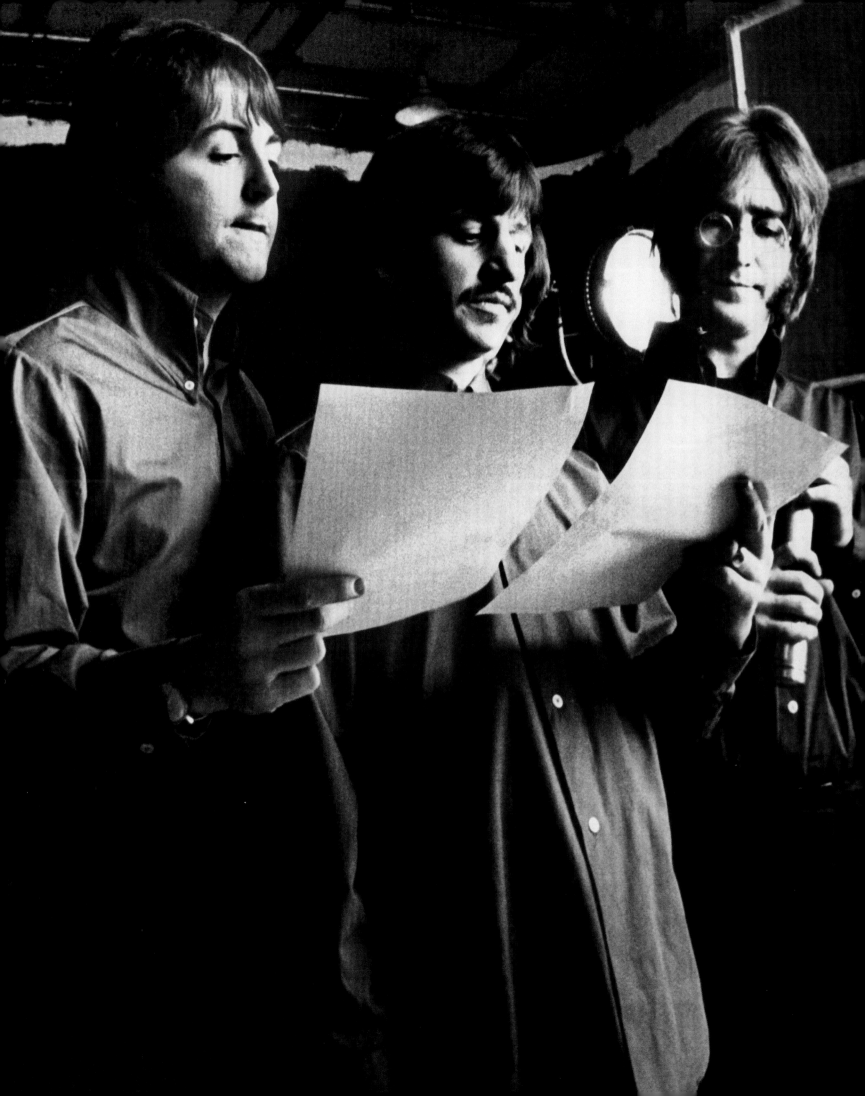

1970

p178-179　披头士乐队走向解散的开始。
此时他们几乎都已筋疲力尽。1968年底，
斯塔尔一度从乐队出走，后来又被劝回。
1969年初，同样的事又在哈里森身上发生。
到这一年年末的时候，披头士已经再也不
是从前那支乐队了。

在他生命中 In His Life

约翰·列侬

p180-181 1969年1月30日，披头士们在他们位于伦敦的萨维尔街总部屋顶进行了最后一场公开表演。尽管此时乐队正濒于解散，可当音乐奏响，总有些熟悉的东西让他们情不自禁地再次微笑。

Meeting Yoko , Social Protest and Independence

和洋子相遇，
批判社会与精神的独立

和洋子相遇，批判社会与精神的独立

1966年夏天，约翰·列侬在寻找某样东西，但他也不太清楚那究竟是什么。那年11月，他在伦敦的因迪卡画廊上遇见了小野洋子。小野比列侬大七岁，她出生于东京一个富庶的家庭，由于家庭的支持和鼓励，洋子得以充分发挥自己的创造力——这在当时的日本社会十分罕见。小野一家迁居纽约后，洋子在加入先锋艺术家团体激浪派（Fluxus）之前，曾在莎拉劳伦斯学院（Sarah Lawrence College）学习钢琴和歌剧。这是由一群折衷主义美术家和音乐家组成的团体，他们致力于创作那种企图激发某种不断变化的感觉的艺术作品。

洋子很喜欢和这些美术家、音乐家、作家往来，因为他们所代表的正是直到那时为止，她一直都在被他人剥夺的自由。激浪派艺术家团体在她身上留下了极深的印记，以至于后来她还支持列侬将这个团体的理念融入他自己的音乐和艺术作品里。

洋子开始创作一些糅合了诗歌、表演还有哲学追问等元素的艺术作品。在她搬进自己的公寓以后，她马上将公寓改造成了一个前卫的艺术场所。她在这里表演"事件剧"（happenings），举办先锋音乐会。她和颇具影响力的作曲家约翰·凯奇（John Cage）成了好友，并和她的第一任丈夫一柳慧结婚了，这次婚姻在1962年宣告结束。在那年11月，洋子嫁给了托尼·考克斯（Tony Cox），他是一位音乐家，同时还是一位电影人。洋子和他生下了女儿杏子。这次婚姻没能持续很久，但他们直到 1969年才终于正式离婚。

1966年，为了参加以及筹备那年下半年她将在因迪卡画廊———一家书店和杂货店——举办的展览"未完成的碎片"（Unfinished Pieces），洋子搬到了伦敦。洋子受邀参加因迪卡画廊老板——约翰·邓巴（John Dunbar）的一个私人会晤，在那里，她见到了约翰·列侬。列侬立刻对洋子的作品产生了强烈兴趣。特别是她的天花板绘画（作品"Yes Painting"）。

尽管从见第一面起，两人就已经引起了彼此的注意，但此时离他们真正走到一起还有数月。在第一次会面后不久，洋子开始送给列侬一些明信片形式或指令形式的作品样本，这些礼物果然激起了列侬的好奇。很快他就成了洋子1967年的"半阵风展览"（Half Wind）的发起人和赞助人。开始时，列侬还有些犹豫，不知道是否该和她由黑色大包和有机玻璃盒子组成的世界保持距离。那时他还没和辛西娅离婚，还不确定对洋子的感觉。慢慢地，列侬和洋子走到了一起，并最终合而为一。1968年，列侬终于在妻子外出度假时将洋子邀请到了自己家中。

那天晚上他们创作了一个声音大杂烩，后来成了他们的首张唱片——未完成的音乐第一号：《两个处子》。那年6月，洋子开始参加披头士们的录音聚会，甚至还在他们的一张唱片里献声。列侬和洋子很快便在媒体圈中声名鹊起。他们是那样形影不离，甚至，即使不是从不，也是在极少情况下，他们才不在同一个镜头里出现。人们根本无法想象他们不和对方在一起时是什么样子，甚至到了成为"约翰与洋子"这样一个无法分割的整体的程度。

洋子正是列侬生命中缺失的那类女性：富有智慧，能够激发他的灵感。她成了他母亲的替身，他的合作伙伴，激励他把目光放得更长远，不要仅仅把写歌当作是主要的创作出口。典型的做法是，他会参演某个先锋派艺术场景——在以前打死他也不会这么做。洋子在他的艺术和音乐上产生的影响是显而易见的。他们把他们做的一切事情都视为艺术。他们不间断地进行录音和录像实验，仅在一年内就发行了四张专辑和四部先锋电影。

洋子对列侬的政治主张也产生了重大影响。对伦敦、巴黎和华盛顿来说，1968年是骚动的一年。披头士们公开表明了反对越南战争、种族歧视和种族隔离的立场。而在列侬1967年创作的那首《你所需要的只是爱》中，我们已经听到了他祈盼社会正义和世界和平的心声。但自从有了洋子在身边，他变得更加畅所欲言了。他们为和平并肩作战，共同上演了一系列幽默辛辣的激浪派风格行为艺术。那些仍然喜欢列侬留着拖把头的刻薄形象的民众，在他后期参与了"床上和平运动"（Bed-ins）、各种"事件剧"、"口袋主义"（Bagism）表演后变得困惑，并因此愤怒，觉得遭到了挑衅。

1969年3月20日，这对夫妇在西班牙直布罗陀结婚之时，他们决定要利用列侬的名气和声望，向全世界送出一条积极的信息。当时是越南战争最为激烈的时候，约翰和洋子开始了一场旨在促进世界和平的多媒体运动。他们决定在床上度过他们的蜜月，同时邀请了世界各地的新闻媒体前来加入他们。3月25日，他们转移到阿姆斯特丹的希尔顿饭店，在那里发起了他们的第一次"床上和平运动"。他们接受了数百小时的采访，阐述他们对越南战争和和平进程的看法。"床上和平运动"被拍摄并录制下来，巧妙地成为这对夫妇名为《婚礼专辑》（*Wedding Album*）的这张专辑的一部分。

关于"床上和平运动"的报道密如雪花，但他们的行动还没有在世界范围内引起关注，还有很多人认为他们的这种抗议行为毫无意义。这没能阻止他们于五月蒙特利尔的伊丽莎白皇后饭店筹划第二次"床上和平运动"。在这次运动中，列侬发现自己不断重复着"给和平一个机会"这句话，于是将它改写成了一首歌，在他的旅馆房间里录下来，并以塑料洋子乐队（Plastic Ono Band）的名义活动。《给和平一个机会》（Give Peace A Change）很快就成了反战运动的圣歌，在所有的和平抗议中传唱。

列侬以塑料洋子乐队的名义发行这支单曲，这并不仅仅是一种将自己从披头士中抽离出来的方式，还是一个将人们团结起来的行动。乐队只是一个概念——所有人都可以是它的成员。约翰和洋子希望他们的听众能够参与到这一创造性的进程当中，他们相信这一进程将会最终导向积极的社会变革。"未完成的音乐"（unfinished music）系列专辑，还有通过他们的歌曲发送出去的信息，都在试图鼓励其他人仿效和完善他们的想法。

《即时报应（我们都在闪光）》（Instant Karma ［We All Shine On］）是在一天之内创作并录制完成的，这首歌进一步阐释了列侬认为民众自身具备伟大潜质的想法。但它同样也表明了个体应该为他们的行为和命运担负起责任的观点。在这支单曲发行后的几个月里，列侬越来越深入地参与到反传统的政治活动之中。他为慈善事业捐款，谈论激进的政治观点，参加公众的抗议活动。在1970年秋天，列侬录制了一张风格强烈的个人单曲辑。《约翰·列侬 ／塑料洋子乐队》以《工人阶级英雄》（Working Class Hero）为主打歌，这是一首为工人们写的歌。在这首歌里，他为积极行动而争论，但他同样意识到了在为社会公正而斗争的过程中所面临的个体限制。这张专辑可以用一句话来归纳："梦做完了。"而他的下一张专辑《想象》，则又以一个新的梦为开端。

列侬最为人所知的歌——《想象》，是在洋子的启发下创作出来的，歌词借用于她在1964年出版的《葡萄柚》（*Grapefruit*）一书，这是列侬为全球人道主义写下的圣歌。他相信人们具有改变世界的力量。《想象》鼓励人们对自身进行思考，将自己看成是这个世界的公民，而不是由宗教、领土或国家定义的个体。就像洋子的许多工作一样，想象意味着试着提升自我意识，强调自我创造，列侬和洋子相信这能够引发一场最终将使所有人类受益的和平变革。《想象》是列侬最伟大的一次声明，它展示了一个充满各种可能的世界，它是列侬"个体反抗将会引发积极的社会变革"信念的最高峰。同时它也成了和列侬自身结合得最为紧密的一首歌。

《想象》大部分是在列侬位于英国阿斯科特的家中录制的，最后在纽约录制完成。8月31日，约翰和洋子搬到纽约定居下来。他们到那里后不久，就和青年国际党（易比派）的社会活动家和联合发起人杰里·鲁宾取得了联系。列侬很喜欢易比派将激进的政治观点和戏剧性相混合的风格，开始筹划一趟旨在推进政治活动的美国之旅。

这是列侬最热衷于政治活动的一段时间，他出现在十多场慈善音乐会中，联合主持了麦克·道格拉斯秀（The Mike Douglas Show）。他向他激进的朋友们介绍了美国中部的情况，还录制了从他那时起直到现在最为政治化的一张专辑《在纽约的时光》。这张专辑对多种主题进行了宣扬，如爱尔兰民族主义、种族主义和女性主义。列侬是第一个，也许还是唯一一个宣扬女性主义的男摇滚歌手。然而，他的激进主义也使他和尼克松政府产生了冲突，于是尼克松政府试图将他驱逐出美国。

列侬为留在美国而进行的抗争让他的激进主义有所缓解。他疏远了那些激进的左翼分子，还有那些言不由衷的政治家。1973年4月1日，他做了一件必定会让那些为利益所驱使的人们感到愤怒和不快的事情，他对外公布了一个新的观念王国——"努托邦"（Nutopia）。它的旗帜是简单的白色三角形，但这并不意味着他已经投降了。他的下一张专辑《心灵游戏》采用了那些被他用"想象"加以定义的观点，此外还增加了一个更为深刻的精神主题。然而，他对社会正义的追求已经走到了绝境。他接下来的那些唱片不再有个性，只是一些不那么政治化的商品而已。尽管他在公开场合对政治谈论得少了，但他事实上从未放弃过自己的理想。他的最后一张专辑《双重幻想》可以用一个简单的主题概括："同一个世界，同一个人。"

在小野的影响下，他对绝对和谐以及社会正义的渴望主导了他的工作。他写的歌，其灵感不是来自于她的艺术和观点，就是来自于她的爱。他的专辑里到处都是献给妻子的歌。在他生命即将结束的时候，他还在被她所激励。他们合作的最后一张专辑《双重幻想》可以被视作一篇对话，他们在其中表达了对彼此的爱。

毋庸置疑的是，如果没有小野，列侬不会做出那些通常不被欢迎的、有争议的抗议行为，他也不会写出那些最为人深爱、最诚挚的作品。小野在列侬和他的作品上打下了不可磨灭的印记，对列侬而言，她确实就是使他得以完整的"另一半天空"。

p184-193 "在我和洋子相遇以前，我们是不完整的，各自只有一半。你知道有个古老的神话就是这么说的：人们生来只有半个，另一半要么在天上，要么在宇宙或者这世界的镜像的某个角落里。可是各自只有一半的我们相遇了，于是又重新拼成了一个整体。"

p194-195 约翰和洋子是两个梦想家——梦想着一个更加和平美好的世界。而他们的理想影响了整整一代人，还有后来的那些追随者们，让他们有勇气向保守的社会提出质疑，并将自身从中解放出来。

1968

p196-197　除了参加披头士的录音聚会外，洋子还在《班哥洛·比尔的后续故事》中献唱。在两年时间里，她和列侬一起录制了三张"未完成音乐"系列的专辑，还有一张现场专辑。他们还分享了十几首主打单曲的A面和B面。

1968

Apple Records, in association with Tetragrammaton Records. T-5001 May 1968. Made in Merrie England.

p198 这是约翰和洋子的首张专辑的背面，专辑封面上是他们正面全裸的照片。有些人认为这个封面太过冒犯，而列侬夫妇则将它视为一件艺术品。不过甚至连他的乐队伙伴也觉得，列侬这次走得太远了。

p199 列侬和洋子发行了他们的首张专辑——《两个处子》。这张专辑是 1968年11月在列侬家里的录音室里录制的，是他们即兴创作的先锋派声音拼贴作品。这张专辑卖得不太好。封面是这对幸福的夫妻的裸照，这在当时引起了很大争议。约翰

和洋子将之看作一件艺术作品，但保守人士，特别是美国的保守人士，却有着另外的看法。结果，美国的唱片封面上被蒙上了一层棕色的纸质封套。

Two Virgins.

p200-201 列侬说："通常，在每个白痴背后都站着一位伟大的女性。"洋子就是那个伟大的女性，他可能也曾从生命中的其他女性那里得到过灵感，但洋子还给予他从披头士中脱离出来成为一名个人艺术家的勇气。

John Lennon

p203-205　1968年12月，约翰和洋子出现在滚石乐队的电影《摇滚马戏团》（*Rock'n' Roll Circus*，1996）中。滚石的这部电影或许是受到了披头士那部《魔法奇妙旅》的影响。列侬刚刚为披头士最近发行的《白色专辑》中的《也门里亚尔蓝调》（*Yer Blues*）拍摄了表演录影带。洋子则和小提琴家伊夫利·吉特里斯（*Ivry Gitlis*）搭档做了即兴演出。

1968

p206-207　"在这两年中我们从未分开过一小时以上，我们什么都一起做，而这就是我们的力量源泉。"——约翰·小野·列侬爵士

p208-209　列侬有很多伟大的作品都是或直接或间接地在小野的影响下创作的。洋子的作品样本是《想象》最主要的灵感来源。这对夫妇还一起创作了十几首歌曲，其中包括《哦，我的爱》(Oh My Love)和《圣诞快乐（战争结束了）》(Happy Xmas［War Is Over］）。

1968

1969

p210-211 约翰和洋子为他们"个体以个人目标为名进行的抗议能引发世界范围内的和平变革"的信念发起的运动。"你如果独自做梦，那梦将永远是梦。但如果我们一起做梦，梦就会变成现实。"小野说。

约翰·列侬

p212-213　1969年，约翰和洋子分居了。
在一起时，他们一起创作艺术作品，一起
创作音乐、拍电影、举办展览，还发起了旨
在推动世界和平的多媒体运动。

约翰 · 列侬

p214 1969年，列侬在推动世界和平上花费的时间比他和披头士们一起工作的时间还要多，他是第一位用自己的名望对越南战争进行抗议的名人，他还写下了反战的圣歌——《给和平一个机会》。

Page 155

1969 . Marriage contracted at the Registrar's Office in the City of Gibraltar.

No.	When Married	Name and Surname	Age.	Condition	Rank or Profession	Residence at the time of Marriage	Father's Name and Surname	Rank or Profession of Father
308	Twentieth March, 1969.	John Winston Lennon	28	Previous Musician composer & marriage dissolved	Musician Composer	Kenwood, Cavendish Drive, Weybridge, Surrey	Alfred Lennon	Seaman (retired)
		Yoko Ono Cox	36	Artist Yes Previous marriage dissolved	Artist	25, Hanover Gate Mansion, London N.W.1.	Eisuke Ono	Banker (retired)

Married in the Registrar's Office, by Governor's Special Licence, before me:

Marriage Registrar

This Marriage was contracted between us, John Winston Lennon Yoko Ono Cox

in the presence of us, Peter Brown D. Nutter

1969. Marriage contracted at the Registrar's Office in the City of Gibraltar.

No.	When Married	Name and Surname	Age.	Condition	Rank or Profession	Residence at the time of Marriage	Father's Name and Surname	Rank or Profession of Father.
309	Twentieth March 1969	James Felix Grech	37	Bachelor	Station Officer Civil Aviation	49, Kingsway House, Gibraltar	Joseph Grech	Accountant (retired)
		Antonia Gonzalez	23	Spinster	Counter Clerk	7/3, Johnstone's Passage, Gibraltar	George Augustus Gonzalez	Accountant

Married in the Registrar's Office, after publication of notice, before me:

Marriage Registrar

This Marriage was contracted between us, Antonia Gonzalez

in the presence of us, Lita Diaz Fco. A. Gonzalez.

1969

p216-217 列侬和小野于 1969年 3月 20 号在直布罗陀海峡结婚。比麦卡特尼和琳达·伊斯特曼(Linda Eastman)在伦敦的婚礼晚了 8天。列侬为了纪念婚礼和使他们得以结合的那些事件,创作了《约翰和洋子的情歌》(The Ballad Of John And Yoko)。这首颗成为披头士的第17首也是最后一首成为英国排行榜冠军的单曲。

1969

p218-219　在直布罗陀海峡结婚后第6天,为了推动世界和平进程,约翰和洋子住进了阿姆斯特丹的希尔顿饭店的总统套房。他们在床上度过了7天时间,在床上接受媒体的采访,同时为他们长期录制的唱片《婚礼专辑》完成了部分录制工作。

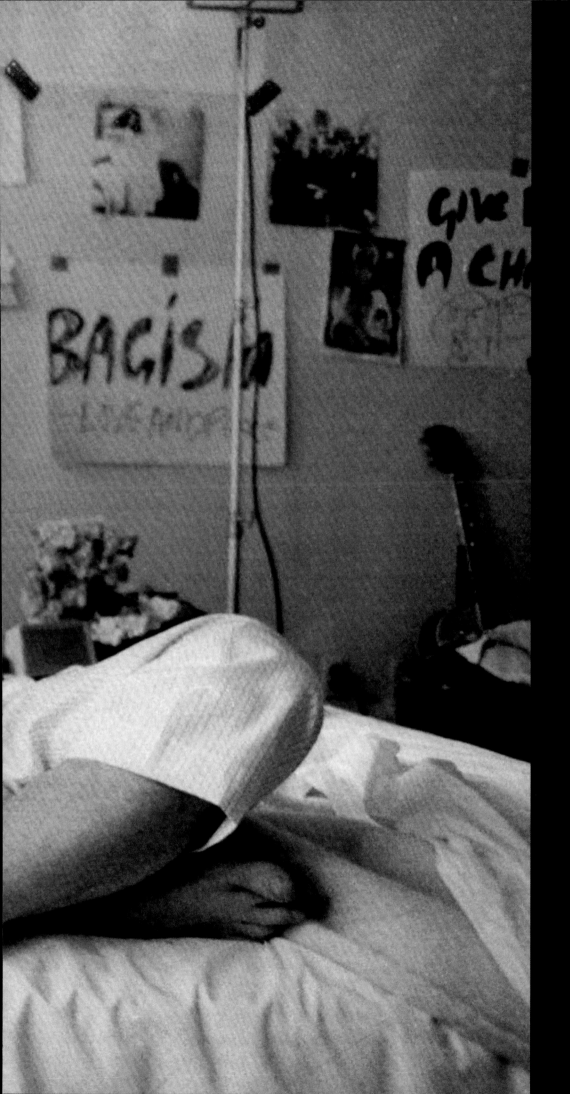

p220-221　1969年5月26日到6月1日，约翰和洋子在位于加拿大蒙特利尔的伊丽莎白皇后饭店筹划他们的第二次"床上和平运动"。在这次运动期间，列侬创作并录制了《给和平一个机会》。

Everybodies talking bout
Bagism
Shagism
Dragism
Madism
Ragism
Tagism
This-ism
That-ism

Ministers
Sinisters
bannisters
cannisters
Bishop +
Fishops
Rabbier
Popeyes
Bye Byes.

revolution
evolution
masturbation
flagellation
regulations
integration
meditations
United Nations
Congratulations

John + Yoko
Timmy Leary
Tommy Smothers
Bobby Dylan
Tommy Cooper
Derek Taylor
Norman Mailer
Alen Ginsberg
Hare Krisna
Hare Krisna

All we are saying is give peace a chance.

Bagism Shagism
Flagism Dragism
Madism
Thisism Ragism
Thatism Tagism
rag thisism
that ism.

ministers
Sinisters
bannisters
canisters
Bishops and
Fishops
Rabbis
Ministers
+ Popeyes

revolution
evolution
masturbation
United Nation
flagellation
regulation
integration
meditation

Congratulati

All we are saying is give peace a chance

p224　由于厌倦了不得不一再重复"给和平一个机会"这句话，列侬将它谱写成了和平运动的圣歌。《给和平一个机会》是列侬在蒙特利尔"床上和平运动"的最后一晚录制的。

p226-227　1969年，约翰和洋子变成了一件活生生的艺术品。他们做的每一件事，无论是做音乐还是呆在床上，都变成了一种艺术化的表达。通过他们的艺术，他们用这一勇敢的举动创造出了一个私人的公共空间，以向世界展示他们和所有人一样脆弱。

John Lennon (signature)

p228-229　1969年4月，列侬和小野参加了蒙特勒金玫瑰电影节，他们的电影《强奸》(*Rape*，1969）在电影节上首映。列侬夫妇一起创作了十几部电影，这些电影都是用有限的资金完成的先锋或地下电影。

1969

p230-231　1969年，约翰和洋子送给世界各国领导每人一个"爱与和平的包裹"，包裹里面是橡实和一封私人信件。橡实象征着和平以及东方和西方最终走到一起。

1969

p235 约翰、洋子和恭子(洋子和他的第二任丈夫托尼·考克斯所生的女儿)在英国希思罗机场。之后考克斯带走了恭子,不知去向。列侬于1971年移居纽约的动因之一,就是为了夺回对洋子女儿的监护权。

p236-237　约翰和洋子在披头士伦敦总部的办公室里留影。这里是列侬用以接受外界采访、宣传唱片和演唱会，以及领导和平运动的一个基地。

p238-239　约翰和洋子充分发挥他们
艺术家的敏感，发起了著名的海报和广
告牌运动——"战争结束了！"（War is
Over!）。这些海报，作为反对越南战争的
和平运动的一部分，遍布世界上的各个重
要城市。

1970

p240-241　为给"黑色之家"（Black House）募集资金，约翰·列侬和小野洋子捐出了一包头发用于拍卖，作为回报，他们得到了拳王穆罕默德·阿里的一条拳击短裤。

1970

p242-243 1970年，约翰和洋子在英国电视节目《流行巅峰》（*Top of The Pops*）上表演，宣传他们的单曲《即时报应》。这是列侬唯一一次真人秀演出。

1971

p244-245　1969年夏天，约翰和洋子搬进
了位于伯克郡的提顿赫斯特公园。这是一
栋建于乔治时期的房子，方圆72英里之内
都是乡村。他们在这里一直生活到1971年
夏天搬去曼哈顿为止。

p246-247　通过他们的唱片、电影、展览和演唱会，约翰和洋子向世界展示了两个平凡人可以创造出怎样的奇迹。他们是两个极富创造力的天才，仅凭想象的力量就改变了这个世界。

p248-249　列侬是个时常读报纸读到废寝忘食的人，他偶尔也会从报纸中获得创作的灵感。总被他握在右手里的《红鼹鼠》是一份左翼出版物。这份杂志曾在1971年6月刊出过一篇对列侬进行的采访。

1971

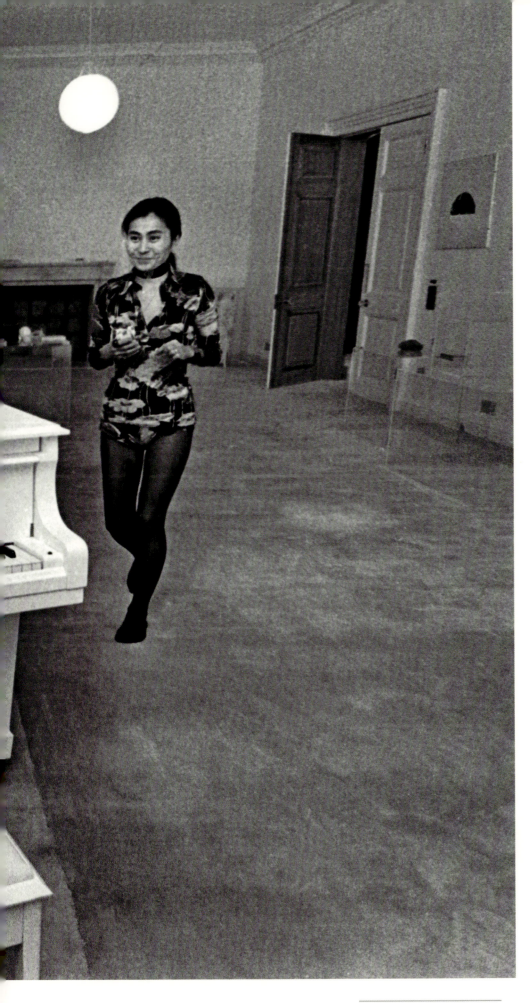

p250-251 《想象》这张唱片录制于1971年初夏的提顿赫斯特公园。列侬想在家中那间大起居室的白色钢琴上录制这张专辑的同名主打歌。可由于这间屋子的音响效果实在糟糕，他不得不放弃了这个念头。

1971

p252-253　"当我爱上洋子的时候，我知道，上帝啊，这超出了我之前所有的知识和经验。这是全新的感受，远远胜过之前的那些畅销唱片、黄金唱片，胜过所有的一切。简直无法形容。"

1972

1972

p254-257　1972年8月30日，列侬和大象的记忆乐队在纽约麦迪逊广场花园举办了两场公益演唱会，以帮助威罗布鲁克公立学校的精神病院募捐。这也是列侬最后两场唱满全场的演出。

1972

p258-259 1972年时，列侬已经移居到纽约，并和那些极端左翼政治活动家们成了伙伴。1972年2月5日，约翰和洋子加入了呼吁英国从北爱尔兰撤军的抗议人群。

约翰·列侬

1972

p260-261　随着越南战争进一步升级，约翰和洋子的政治活动也变得愈加频繁。1972年5月，列侬在曼哈顿的布莱恩公园的一次反战集会上向5万名民众发表演说。

p263 约翰和洋子在纽约移民办事处外面对新闻媒体发言。此时美国政府已陷入一场注定失败的战争。列侬继续坚持着他的反战事业，并在美国度过了余下的所有时光。

1974

p264-265　尽管移民和入籍局驱逐列侬的行动是由政治因素造成的，但也有人认为，列侬当时被确证拥有大麻，这样一来，他在美国的居留就是不合法的。

p267　从百慕大旅行回来后，列侬觉得是时机回到录音室里和小野一起录制他的回归专辑《双重幻想》了，这是这对夫妇第一张在大西洋两岸都获得排行榜冠军的专辑。

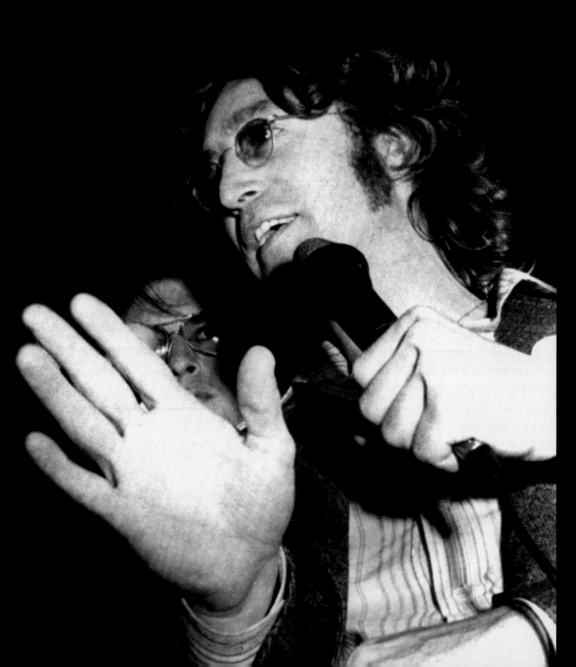

1980

图片来源

Pages 1 courtesy of Mrs. Yoko Ono Lennon©
Pages 7, 8 Michael Ochs Archive/Getty Images
Page 9 Left Keystone/Getty Images
Page 9 Bottom Ullstein Bild/Archivi Alinari, Firenze
Pages 10-11 Bettmann/Corbis
Page 13 United Artists/The Kobal Collection
Pages 14-15 Susan Wood/Getty Images
Page 19 United Archives/Picture-Alliance
Page 22 David Hurn/Magnum Photos/Contrasto
Pages 28-29 Pictorial Press/Marka
Pages 35 courtesy of Mrs. Yoko Ono Lennon©
Page 36 courtesy of Mrs. Yoko Ono Lennon
Pages 38-39 Keystone-France/Eyedea/Contrasto
Page 41 Rue des Archives
Page 43 GEMS/Redferns
Page 45 M. Haywood Archives/Redferns
Page 46 top, 46 bottom, 46-47 courtesy of Mrs. Yoko Ono Lennon
Page 48 top, 48 bottom, 49 AP/LaPresse
Page 50 Ullstein Bild/Archivi Alinari, Firenze
Page 51 Michael Ochs Archive/Getty Images
Page 52 Interfoto/Archivi Alinari, Firenze
Page 54 Juergen Vollmer/Redferns
Page 56 Keystone/Getty Images
Page 60-61 Starstock/Photoshot
Page 62-63 K&K ULF KRUGER OHG/Redferns
Page 64 Album/Contrasto
Page 65 Evening Standard/Getty Images
Pages 66-67 TopFoto/Icponline
Page 68, 69 K&K ULF KRUGER OHG/Redferns
Pages 70-71, 71 Philip Jones Griffiths/Magnum Photos/Contrasto
Pages 72, 73 Bettmann/Corbis
Pages 74-75, 77, 78 K&K ULF KRUGER OHG/Redferns
Page 80 Fiona Adams/Redferns
Pages 80-81 Popperfoto/Getty Images
Pages 82 courtesy of Mrs. Yoko Ono Lennon©
Pages 82-83, 84-85 Popperfoto/Getty Images
Page 86 top Rue des Archives
Page 86 bottom Central Press/Getty Images
Pages 86-87 George Freston/Fox Photos/Getty Images
Page 88 Bettmann/Corbis
Page 89 David Redferns/Redferns
Pages 90-91, 91 Val Wilmer/Redferns
Pages 92, 93 Fiona Adams/Redferns
Pages 94, 95 GAB Archives/Redferns
Pages 96-97 Bettmann/Corbis
Page 97 Popperfoto/Getty Images
Pages 98-99 United Archives/Picture-Alliance
Page 100 AP/LaPresse
Page 101 Bettmann/Corbis
Pages 102, 103, 104 Bob Gomel/Time Life Pictures/Getty Images
Pages 104-105 John Loengard/Time Life Pictures/Getty Images
Pages 106, 106-107 Evening Standard/Hulton Archive/Getty Images
Pages 108-109 John Rodgers/Redferns

Pages 111, 112-113 Max Scheler/Redferns
Page 114 K&K ULF KRUGER OHG/Redferns
Page 115 Max Scheler/Redferns
Page 116 K&K ULF KRUGER OHG/Redferns
Page 117 Max Scheler/Redferns
Page 118 John Springer Collection/Corbis
Page 119 David Hurn/Magnum Photos/Contrasto
Page 120 K&K ULF KRUGER OHG/Redferns
Page 121 David Hurn/Magnum Photos/Contrasto
Pages 122-123 United Archives/Album/Contrasto
Pages 124-125 David Hurn/Magnum Photos/Contrasto
Pages 126 courtesy of Mrs. Yoko Ono Lennon©
Pages 126-127 Bettmann/Corbis
Pages 128, 130, 131 Michael Ochs Archive/Getty Images
Pages 132-133 Hulton Archive/Getty Images
Pages 134-135 Stan Meagher/Express/Getty Images
Page 137 TopFoto/Icponline
Page 138 Express Newspapers/Getty Images
Page 139 Everett Collection/Contrasto
Pages 140-141 dpa/Picture-alliance
Page 142 TopFoto/Icponline
Page 143 Bettmann/Corbis
Page 144 Hulton-Deutsh Collection/Corbis
Pages 145, 146 Keystone/Getty Images
Page 147 John Springer Collection/Corbis
Page 148 Everett Collection/Contrasto
Pages 148-149 Bettmann/Corbis
Pages 150-151 Keystone-France/Eyedea/Contrasto
Pages 152-153 Harry Benson/Express/Getty Images
Pages 154-155 Bob Whitaker/Hulton Archive/Getty Images
Pages 156, 157 Keystone Features/Getty Images
Pages 158-159 Bettmann/Corbis
Page 160 Michael Ochs Archive/Getty Images
Page 161 Chris Jackson/Getty Images
Pages 162-163 Bettmann/Corbis
Pages 164 courtesy of Mrs. Yoko Ono Lennon©
Pages 164-165 Keystone-France/Eyedea/Contrasto
Page 166 Central Press/Hulton Archive/Getty Images
Page 169 Hulton-Deutsh Collection/Corbis
Pages 170, 171 David Redferns/Redferns
Page 172 Hulton-Deutsh Collection/Corbis
Pages 174-175 John Downing/Express/Getty Images
Page 177 United Archives/Picture-Alliance
Page 178 Everett Collection/Contrasto
Page 179 Album/Contrasto
Pages 180-181 Everett Collection/Contrasto
Page 182 Susan Wood/Getty Images
Page 184 Bob Thomas/Getty Images
Page 190 TopFoto/Star Images/Icponline
Page 191 AP/LaPresse
Pages 193, 194-195 Susan Wood/Getty Images
Page 196 Everett Collection/Contrasto
Page 197 John Reader/Time Life Pictures/Getty Images

Pages 198, 199 Blank Archives/Getty Images
Pages 200-201 Bob Thomas/Getty Images
Pages 202 courtesy of Mrs. Yoko Ono Lennon©
Page 203, 204, 205 Andrew Maclear/Hulton Archive/Getty Images
Pages 206-207 Tramonto/Agefotostock/Marka
Pages 208-209, 210-211 Tom Hanley/Redferns
Page 212 Keystone Features/Getty Images
Page 214 Chris Walter/WireImage/Getty Images
Page 216 Bojan Brecelj/Corbis Sygma/Corbis
Page 217 Simpson/Express/Getty Images
Page 218 Bentley Archive/Popperfoto/Getty Images
Pages 218-219 Keystone-France/Eyedea/Contrasto
Pages 220-221 Mario Tama/Getty Images
Page 222 Keystone Features/Getty Images
Page 223 Bettmann/Corbis
Page 224 bottom AP/LaPresse
Page 224-225 UPPA/Photoshot
Pages 226-227 Bettmann/Corbis
Pages 228 courtesy of Mrs. Yoko Ono Lennon©
Pages 228-229 Bettmann/Corbis
Pages 230-231 Popperfoto/Getty Images
Page 232 Bentley Archive/Popperfoto/Getty Images
Page 233 Bob Aylott/Getty Images
Page 235 Popperfoto/Getty Images
Page 236 Keystone-France/Eyedea/Contrasto
Pages 236-237 Tom Hanley/Redferns
Page 238 Frank Barratt/Getty Images
Page 239 Three Lions/Getty Images
Pages 240-241 Bandphoto/Starstock/Photoshot
Page 241 Terry Disney/Express/Getty Images
Pages 242, 242-243 Ron Howard/Redferns
Pages 244, 245, 246-247, 248-249, 250-251 Tom Hanley/Redferns
Pages 252-253 United Archives/Picture-Alliance
Page 254 Bettmann/Corbis
Page 255 AP/LaPresse
Pages 256-257 Brian Hamill/Getty Images
Pages 258-259 AP/LaPresse
Page 259 John Rodgers/Redferns
Pages 260-261 Bettmann/Corbis
Pages 263, 264, 264-265 AP/LaPresse
Page 267 Brenda Chase/Newsmakers/Getty Images

参考书目

Lennon Remembers: The Rolling Stone Interviews
By John Lennon, Jann Wenner
Published by Fawcett Popular Library, 1972

The Playboy Interviews with John Lennon and Yoko Ono
By John Lennon, Yoko Ono, David Sheff, G. Barry Golson
Published by New English Library, 1982

John Lennon: In His Own Words
By Ken Lawrence
Published by Andrews McMeel Publishing, 2005

The Lennon Tapes: John Lennon and Yoko Ono in Conversation with Andy Peebles, 6 December 1980.
By John Lennon, Yoko Ono and Andy Peebles
Published by British Broadcasting Corporation, 1981

John Winston Lennon
By Ray Coleman
Published by Sidgwick & Jackson, 1984

The John Lennon Encyclopedia
By Bill Harry
Published by Virgin, 2001

We All Shine on: The Stories Behind Every John Lennon Song 1970-1980
By Paul Du Noyer
Published by HarperPerennial, 1997

The Beatles anthology
By Beatles, Brian Roylance, Paul McCartney, John Lennon, George Harrison, Ringo Starr Published by Chronicle Books, 2000

John Lennon: Listen to this Book
By John Blaney
Published by Paper Jukebox, 2005

The Longest Cocktail Party: An Insider's Diary of the Beatles, Their Million-dollar Apple Empire, and Its Wild Rise and Fall
By Richard DiLello
Published by Playboy Press Book, 1972

Beatles gear: all the Fab Four's instruments, from stage to studio
By Andy Babiuk, Tony Bacon
Published by Backbeat, 2001

The Beatles: A Diary
By Barry Miles, Chris Charlesworth
Published by Omnibus Press, 1998

Shout!: the Beatles in their generation
By Philip Norman
Published by Simon & Schuster, 2005

The Beatles: Off the Record
By Keith Badman
Published by Omnibus Press, 2003

Lennon Legend: An Illustrated Life of John Lennon
By James Henke
Published by Chronicle Books, 2003

Paul McCartney: many years from now
By Barry Miles
Published by Henry Holt and Co., 1998

Fab Four FAQ: Everything Left to Know about the Beatles-- and More!
By Stuart Shea, Robert Rodriguez
ublished by Hal Leonard Corporation, 2007

出版后记

　　你听过多少约翰·列侬的歌，知道多少关于约翰·列侬的事？你当然是知道他的，知道他是披头士的一员——那可是 20 世纪我们这个星球上最有名的乐队。你肯定记得他生在英国，死于一场悲伤的意外。你当然也会哼几首他的歌。他有很多很好听的歌，不需要懂得歌词也足以让人着迷。不过你最好仔细地再看看歌词，你会看到一个人是怎样毫无保留地在世人面前袒露他的灵魂、他的失败和伟大。

　　请翻开这本书，一页页读，照片上的列侬和我们相距已遥远，但他仿佛仍在注视着我们以及他身后的这个世界。三十年过去了，这个世界好些了吗？列侬在《想象》里唱道："你可能会说我在做梦 /但我不是唯一的一个 /我希望有一天你能加入我们 /到那时世界就会大同。"列侬曾经做过什么梦？他的梦想到今天实现了吗？还有多少人在和他做着同样的梦？

　　人是可以不死的，只要他的精神还在。铭记一个人最好的方式之一种，就是回头去听，回头去读。而这颗伟大的心是容易读懂的，因为它从来没有隐藏过自己。

　　这本画册展示的就是这样一个人，他很伟大，但也有过很多脆弱的时刻。他犯过错，受过伤。你可以看到时间流过带给他什么样的痕迹。还有他的友谊和爱情。

　　总有些东西值得我们长久凝视。

　　最后，特别感谢江淼帮助我们细心校订核查了全书的内容，感谢洪晃、张晓舟、张铁志、张楚几位老师在百忙之中热心为此书撰写了推荐语。

服务热线： 139-1140-1220　　133-6631-2326　　133-6657-3027
服务信箱： onebook@263.net

后浪出版咨询（北京）有限责任公司

2011 年 9 月

图书在版编目(CIP)数据

约翰·列侬 /（意）瓦勒丽亚·曼菲托·德·法比安尼斯 主编；（英）约翰·布莱尼 撰文； 何筠 译.
—北京：世界图书出版公司北京公司，2011.10
书名原文: John Lennon:In His Life
ISBN 978-7-5100-3837-2

Ⅰ.①约… Ⅱ.①布… ②何… Ⅲ.①列侬, J.（1940～1980）– 传记 – 画册 Ⅳ.①K837.125.76-64

中国版本图书馆CIP数据核字(2011)第154580号

TITLE：John Lennon:In His Life
WorldCopyright©(2009)White Star–Italy

本书简体中文版由White Star Publishers 授予世界图书出版公司在中华人民共
和国境内（不包括香港、澳门特别行政区以及台湾地区）发行与销售。未经
许可之出口，视为违反著作权法，将受法律之制裁。

北京市版权局著作权合同登记号图字01-2011-0666

后浪出版咨询(北京)有限责任公司
POST WAVE PUBLISHING CONSULTING (BEIJING) LTD. CO.
w w w . h i n a b o o k . c o m

读者服务：teacher@hinabook.com 139-1140-1220
投稿邮箱：onebook@263.net
营销咨询：133-6657-3072
编辑咨询：133-6631-2326

主　　编：（意）瓦勒丽亚·曼菲托·德·法比安尼斯（Valeria Manferto De Fabianis）
撰　　文：（英）约翰·布莱尼（John Blaney）
译　　者：何筠
筹划出版：银杏树下
出版统筹：吴兴元
责任编辑：陈草心　董良　赵岩
营销推广：ONEBOOK
装帧制造：墨白空间

出　　版：世界图书出版公司北京公司
出 版 人：张跃明
发　　行：世界图书出版公司北京公司（北京朝内大街137号　邮编　100010）
销　　售：各地新华书店
印　　刷：北京华联印刷有限公司（北京经济技术开发区东环北路3号　邮编　100176）

开　　本：720×1030毫米　1/8
印　　张：34　插页4
字　　数：342千
版　　次：2011年12月第1版
印　　次：2011年12月第1次印刷

ISBN 978-7-5100-3837-2/J·130
定价：298.00元